RECUEIL

DE

RÉGLEMENTS, LOIS ET ACTES

DE L'ADMINISTRATION PUBLIQUE,

CONCERNANT LES COURS D'EAU.

PRIX : 3 fr. 50 cent.

RECUEIL

DE

LOIS, RÉGLEMENTS ET ACTES

DE

L'ADMINISTRATION PUBLIQUE,

CONCERNANT

LES COURS D'EAU;

PAR AUG. LEPASQUIER,

Chef de Division à la Préfecture du Département de la Seine-Inférieure, Chevalier de la Légion d'honneur.

A ROUEN,

CHEZ ÉMILE PERIAUX FILS AINÉ, IMPRIMEUR-LIBRAIRE, ÉDITEUR, rue Percière, n° 26;

Et chez les principaux Libraires de la France.

M. DCCC. XXVI.

AVANT-PROPOS.

Cette nouvelle Edition d'un ouvrage publié au commencement de 1823, sous le titre de *Recueil des Réglements et Arrêtés relatifs aux Cours d'Eau dans le département de la Seine-Inférieure*, présente, comme son nouveau titre l'annonce, une collection complète de toutes les lois et de tous les actes émanés des autorités qui régissaient autrefois et qui régissent aujourd'hui l'usage des eaux courantes.

Les cours d'eau sont rangés en deux classes bien distinctes : ceux qui dépendent du domaine public et ceux qui se trouvent placés hors de cette dépendance ; cette classification a naturellement déterminé une première division de l'ouvrage en deux titres principaux.

Chacun d'eux est subdivisé en deux chapitres ayant pour objet d'exposer, le premier, la législation ancienne ; le second, la législation nouvelle ; et chaque chapitre comprend deux sections concernant l'une les règles auxquelles est soumis l'usage des eaux, l'autre l'exercice du droit de pêche.

A la fin de chaque section se trouve placé un sommaire des ordonnanees royales rendues en conseil d'état, depuis quelques années, et qui paraissent avoir fixé la jurisprudence sur une foule de questions, d'autant plus délicates, que la législation en cette matière laisse beaucoup à désirer.

Le titre 3 comprend un grand nombre de réglements généraux ou particuliers auxquels sont soumis les cours d'eau dans le département de la Seine-Inférieure. Il est donc d'un intérêt spécial pour les habitants de ce pays, où les eaux ont acquis une importance industrielle si considérable. Toutefois, ces réglements ne seront pas consultés avec moins de fruit par les administrateurs, dans les autres départements.

En rapportant fidèlement le texte des lois, décrets et ordonnances qu'il a cités, l'auteur a cru devoir le dégager de toutes dissertations plus ou moins étendues qui fatiguent ou égarent quelquefois l'attention du lecteur. Il s'est borné à énoncer son opinion personnelle sur divers points, dans des notes explicatives dont la rédaction a été soigneusement étudiée.

RECUEIL

DE

RÉGLEMENTS, LOIS ET ACTES

DE L'ADMINISTRATION PUBLIQUE,

CONCERNANT LES COURS D'EAU.

TITRE PREMIER.

Des Cours d'eau dépendant du domaine public.

CHAPITRE PREMIER.

LÉGISLATION ANCIENNE.

SECTION I.

USAGE ET POLICE DES EAUX.

Extrait de l'Ordonnance du mois d'août 1669, concernant les Eaux et Forêts du Royaume.

Titre 27, article 41. DÉCLARONS la propriété de tous les fleuves et rivières portant bateaux de leur fonds, sans artifices et ouvrages de mains, dans notre royaume et terres de notre obéissance, faire partie du domaine de notre couronne (1), nonobstant tous titres et pos-

(1) Un des principes fondamentaux de notre ancien droit public avait depuis long-temps attribué en pleine propriété

sessions contraires, sauf les droits de passe, moulins et autres usages que les particuliers peuvent y avoir

---

aux Rois de France, par le seul titre de leur souveraineté, les fleuves et rivières navigables. L'ordonnance du mois d'août 1669 a consacré de nouveau ce principe; et plusieurs actes émanés de l'autorité souveraine, sous une date postérieure, en ont fait l'application dans des circonstances particulières; on citera entr'autres,

1° Un édit du Roi, du mois de décembre 1693, qui confirme les propriétaires d'îles, ilots, créments, péages, ponts, passages, bacs, bateaux, moulins, pêche et autres droits sur les fleuves et rivières navigables et flottables, dans la propriété et jouissance desdits biens et droits; à charge par eux de payer les sommes pour lesquels ils seraient compris dans les rôles arrêtés en conseil d'état;

2° Un arrêt du conseil, du mois d'août 1694, qui range les bras non-navigables des rivières navigables au nombre des dépendances du domaine public, et les distingue ainsi des parties supérieures desdites rivières, qui, n'étant point navigables de leur fond, n'appartiennent point au Roi;

3° Un arrêt du conseil, du mois de novembre même année, qui décide que la navigation qui a réellement lieu sur une rivière par bateaux, trains ou radeaux, doit seule faire résoudre la question de savoir si elle est navigable; ou, en d'autres termes, qui assimile les rivières flottables aux rivières navigables.

Il était même défendu de détourner, par des tranchées, fossés, canaux, ou autrement, l'eau des rivières et ruisseaux affluant dans les rivières navigables. Cette défense qui, du reste, subsiste encore (voir ci-après le n° 7 du 1er paragraphe de l'article 2, section 1, chapitre 2), est exprimée entr'autres dans l'ordonnance de 1672, concernant l'approvisionnement

par titre et possessions valables (1), auxquels ils seront maintenus.

Art. 42. Nul, soit propriétaire ou engagiste, ne pourra faire moulins, batardeaux, écluses, gords, pertuits, murs, plants d'arbres, amas de pierres, de terre et de fascines, ni autres édifices ou empêchements nuisibles au cours de l'eau, dans les fleuves et rivières navigables et flottables (2), ni même y jeter aucunes ordures,

---

par eau de la ville de Paris, et dans une déclaration du Roi, du mois d'avril 1703, portant règlement pour la navigation de la Loire. Ainsi l'ancienne législation attribuait au gouvernement la disposition de toutes les eaux, ou du moins de celles qui se rendent directement dans les fleuves et rivières navigables.

(1) On entendait par titres et possessions valables les *inféodations, engagements, contrats d'aliénation, aveux et dénombrements rendus au Souverain, et qui auraient été reçus sans blasme.* (Commentaire de l'ordonnance de 1669.)

(2) L'article précédent ne fait mention que des rivières navigables, tandis que les dispositions de celui-ci et des quatre suivants s'appliquent aux rivières navigables et flottables. Cette différence semble provenir de ce que le premier avait pour objet de proclamer un droit de propriété, tandis que les autres déterminaient seulement les mesures de police auxquelles étaient également soumises les rivières navigables et les rivières flottables; et c'est ici le cas de dire que, sous l'ancienne législation, on avait souvent mis en question, si les rivières flottables à *trains* ou *radeaux* appartenaient au Roi. Cette question a été jugée, dans un cas particulier, par l'arrêt susmentionné de novembre 1694, en donnant une interprétation extensive aux mots *rivières navigables.*

immondices, ou les amasser sur les quais et rivages, à peine d'amende *arbitraire*. Enjoignons à toutes personnes de les ôter dans trois mois, du jour de la publication des présentes; et si aucuns se trouvent subsister après ce temps, voulons qu'ils soient incessamment ôtés et levés à la diligence de nos *procureurs des maîtrises*, aux frais et dépens de ceux qui les auront faits ou causés, sur peine de 500 livres d'amende, tant contre les particuliers, que contre le juge et notre procureur, qui auront négligé de le faire, et de répondre, en leurs privés noms, des dommages et intérêts.

Art. 43. Ceux qui ont fait bâtir des moulins, écluses, vannes, gords, et autres édifices dans l'étendue des fleuves et rivières navigables et flottables, sans en avoir obtenu la permission (1) de nous, ou de nos prédécesseurs, seront tenus de les démolir, sinon le seront à leurs frais et dépens.

Art. 44. Défendons à toutes personnes de détourner l'eau des rivières navigables et flottables, ou d'en affaiblir et altérer le cours par tranchées, fossés et canaux, à peine, contre les contrevenants, d'être punis comme usurpateurs, et les choses réparées à leurs dépens.

45. Réglons et fixons le chômage de chacun moulin qui se trouvera établi sur les rivières navigables et flottables avec droits, titres et concessions, à *quarante sols* pour le temps de vingt-quatre heures, qui seront payés aux propriétaires des moulins, ou leurs fermiers

---

(1) Cette permission était nécessaire, soit pour transporter un moulin d'un endroit à l'autre, soit à plus forte raison pour rétablir un ancien moulin. (Lettres-patentes du Roi, du mois de février 1675, en faveur des religieuses de Vierzen.)

et meuniers, par ceux qui causeront le chômage pour leur navigation et flottage, faisant très-expresses défenses à toutes personnes d'en exiger davantage, ni de retarder en aucune manière la navigation et le flottage, à peine de mille livres d'amende, frais et dépens qui seront réglés par *nos officiers des maîtrises*, sans qu'il puisse y être porté aucune modération.

46. S'il arrive différend pour le droit de chômage des moulins et le salaire des maîtres de ponts et gardes de pertuis, portes et écluses de rivières navigables et flottables, ils seront réglés par le *grand-maître* ou *les officiers de la maîtrise* en son absence, les marchands-traficants et les propriétaires et meuniers, préalablement ouïs si besoin est, et ce qui sera par eux ordonné, exécuté par provision, nonobstant et sans préjudice de l'appel (1).

Section II.

Pêche.

Extrait de l'ordonnance de 1669.

Titre 31, article 1er. Défendons à toutes personnes autres que *maîtres pêcheurs reçus ès sièges des maîtrises par les maîtres particuliers ou leurs lieutenants* (2),

---

(1) Voir la note correspondante à la fin du chapitre 2. L'article 10 d'un décret du 25 janvier 1807, concernant le flottage des bois dans les vallées de Neustadt, avait fixé l'indemnité de chômage à 2 fr. 25 cent. par vingt-quatre heures.

(2) C'est aux fermiers de la pêche ou aux propriétaires pourvus de licences qu'est réservée aujourd'hui la faculté exclusive dont jouissaient les maîtres pêcheurs. (Voir ci-après l'article 13 de la loi du 4 mai 1802. -- 14 Floréal an 10.)

de pêcher sur fleuves et rivières navigables, à peine de cinquante livres d'amende, et de confiscation du poisson, filets et autres instruments de pêche, pour la première fois; et pour la seconde, de cent livres d'amende, outre pareille confiscation, même de punition plus sévère, s'il y échet.

4. Défendons à tous pêcheurs de pêcher aux jours de dimanche et de fêtes, sous peine de *quarante livres d'amende* (1).

5. Défendons de pêcher en quelques jours et saisons que ce puisse être, à autre heure que depuis le lever du soleil jusques à son coucher (2), sinon aux arches des ponts, aux moulins et aux gords où se tendent des dideaux, auxquels lieux ils pourront pêcher, tant de nuit que de jour, pourvu que ce ne soit le jour de dimanche ou fête, ou autres défendus.

6. Les pêcheurs ne pourront pêcher durant le temps de fraye, savoir : aux rivières où la truite abonde sur tous les autres poissons, depuis le 1er février jusqu'à la mi-mars; et aux autres, depuis le 1er avril jusqu'au 1er

---

(1) La loi du 18 novembre 1814 abroge, article 10, les lois et réglements de police qui lui sont antérieurs, concernant l'observation des dimanches et fêtes. Aussi les contraventions à l'article ci-dessus sont maintenant du ressort des tribunaux de simple police. Pour la première fois, la peine ne saurait excéder cinq francs. En cas de récidive, le *maximum* des peines de police peut être appliqué.

(2) Un arrêt du conseil, du 21 mars 1676, a permis de pêcher de nuit dans la Loire, au grand filet, selon l'usage, hors les mois défendus par l'article ci-dessus.

de juin (1), à peine, pour la première fois, de vingt livres d'amende et d'un mois de prison, et du double de l'amende et de deux mois de prison pour la seconde, *et du carcan, fouet et bannissement du ressort de la maîtrise* (2) pour la troisième.

7. Exceptons toutefois de la prohibition contenue en l'article, la pêche aux saumons, aloses et lamproyes, qui sera continuée en la manière accoutumée.

8. Ne pourront mettre aussi bires ou nasses d'osier à bout des dideaux pendant le temps de la fraye, à peine de vingt livres d'amende et de confiscation du harnois, pour la première fois, et d'être privés de la pêche pendant un an pour la seconde.

9. Leur permettons néanmoins d'y mettre des chausses ou sacs, du moule de dix-huit lignes en carré, et non autrement, sous les mêmes peines; mais après le temps de fraye passé, ils y pourront mettre des bires ou nasses d'osier à jour, dont les verges seront éloignées les unes des autres de douze lignes au moins.

10. Faisons très-expresses inhibitions aux *maîtres pêcheurs* de se servir d'aucuns engins et harnois prohibés par les anciennes ordonnances sur le fait de la

---

(1) Cette disposition générale a souffert quelques exceptions propres à certaines contrées et rivières. On citera en exemple une déclaration du Roi, du 24 août 1773, concernant les rivières d'*Arques*, de *Béthune*, d'*Eaulne* et de *Scye*, dont le texte est rapporté au chapitre 1 du titre 3.

(2) La peine du fouet et celle du bannissement hors d'une circonscription territoriale du royaume, sont abolies par la loi du 25 septembre -- 6 octobre 1791.

pêche, et en outre, de ceux appelés giles, tramail, furet, épervier, chaslon et sabre, dont elles ne font point mention, et de tous autres qui pourraient être inventés au dépeuplement des rivières; comme aussi d'aller au barandage et mettre des bacs en rivières; à peine de cent livres d'amende pour la première fois, et de punition corporelle pour la seconde.

11. Leur défendons en outre de bouiller avec bouilles ou rabots, tant sous les chevrins, racines, saules, osiers, terriers et arches, qu'en autres lieux, ou de mettre lignes avec échets et amorces vives; ensemble de porter chaines et clairons en leurs batelets, et d'aller à la fare ou de pêcher dans les noues avec filets, et d'y bouiller pour prendre le poisson et le fray qui a pu y être porté par le débordement des rivières, sous quelque prétexte, en quelque temps et de quelque manière que ce soit; à peine de cinquante livres d'amende contre les contrevenants, et d'être bannis des rivières pour trois ans, et de trois cents livres contre *les maîtres particuliers* ou *leurs lieutenants* qui en auront donné la permission.

12. Les pêcheurs rejetteront en rivière les truites, carpes, barbeaux, brêmes et meuniers qu'ils auront pris, ayant moins de six pouces entre l'œil et la queue, et les tanches, perches et gardons qui en auront moins de cinq; à peine de cent livres d'amende et confiscation contre les pêcheurs et marchands qui en auront vendu ou acheté.

13. Voulons qu'il y ait en chacune *maîtrise* un coin dans lequel l'écusson de nos armes sera gravé, et autour les noms de la *maîtrise*, duquel on se servira

pour marquer en plomb les harnois ou engins des pêcheurs, qui ne pourront s'en servir que le sceau n'y soit apposé, à peine de confiscation et de vingt livres d'amende, et sera fait registre des harnois qui auront été marqués, ensemble du jour et du nom du pêcheur qui les aura fait marquer, *sans que pour ce nos officiers puissent prendre aucun salaire* (1).

14. Défendons à toutes personnes de jeter dans les rivières aucune chaux, noix vomique, coque de levant, mommie et autres drogues ou appâts, à peine de punition corporelle.

15. Faisons inhibitions à tous mariniers, contre-maîtres, gouverneurs et autres compagnons de rivières, conduisant leurs nefs, bateaux, besognes, marnois, flettes ou nacelles, d'avoir aucuns engins à pêcher, soit de ceux permis ou défendus, tant par les anciennes ordonnances que par ces présentes; à peine de cent livres d'amende et de confiscation des engins.

18. Faisons défense à toutes personnes d'aller sur les mares, étangs et fossés, lorsqu'ils seront glacés, pour en rompre la glace et y faire des trous, ni d'y

---

(1) L'abrogation exclusive du droit de pêche prononcée par les lois du 25 août 1792, 6 et 30 juillet 1793, avait dérogé à l'exécution de l'article ci-dessus. L'article 52 du cahier des charges, approuvé le 11 avril 1821, pour les baux de pêche et conditions générales des licences, en a fait revivre les dispositions, comme étant d'ailleurs une conséquence de la loi du 4 mai 1802 (14 floréal an 10).

porter flambeaux et autres feux, à peine d'être punis comme de vol (1).

---

(1) La plupart des dispositions dont on vient de rapporter le texte s'appliquent non-seulement aux rivières navigables ou flottables, mais encore à toutes celles qui constituent une propriété privée : on peut remarquer en effet qu'il est question aux articles 4, 5, 6, 7, etc., des pêcheurs indistinctement, et non pas seulement des maîtres pêcheurs. D'ailleurs, l'article 25 du même titre porte que si *les officiers des maîtrises trouvent des engins et harnois défendus, ils les feront brûler, et condamneront les pêcheurs sur lesquels ils auront été saisis, etc., etc.* Si donc la possession même de ces engins et harnois est un délit, à plus forte raison le pêcheur qui en fait usage est-il punissable.

Deux arrêts du conseil, en date des 27 novembre 1701, et 27 novembre 1731, et la déclaration du 24 août 1773, ont rendu communes aux petites rivières les dispositions du titre 30 de l'ordonnance de 1669. Un grand nombre d'arrêts de la cour de cassation ont jugé dans ce sens. On citera entr'autres ceux des 20 août 1812, 3 septembre 1813, 17 mai 1817, 8 novembre 1820 et 7 août 1823. Le premier est surtout important à consulter.

CHAPITRE DEUXIÈME.

LÉGISLATION NOUVELLE.

SECTION I.

USAGE ET POLICE DES EAUX.

ARTICLE 1er. - Lois et Actes du Gouvernement.

Extrait de la loi du 21 septembre 1792.

Jusqu'à ce qu'il en ait été autrement ordonné, les lois non-abrogées seront provisoirement exécutées (1).

Arrêté du Gouvernement, du 9 mars 1798 (19 ventôse an 11).

Le Directoire exécutif, vu,

1° Les articles 42, 43 et 44 de l'ordonnance des eaux et forêts, du mois d'août 1669 (2);

---

(1) C'est en conséquence de cette loi que les dispositions de l'ordonnance de 1669 ont été maintenues en vigueur. Toutefois, les peines qu'elle prononce ont été modifiées à certains égards, et ces modifications résultent, non pas comme on l'a imprimé quelquefois, de l'article 35 de la loi du 25 septembre -- 6 octobre 1791, mais de la combinaison des articles 7, titre 14 de la loi du 7 -- 11 septembre 1790, et 69 du Code des délits et des peines, du 26 octobre 1795 (3 brumaire an 4), avec le titre 2 de la loi du 19 -- 22 juillet 1791.

(2) Voyez ci-devant, pages 3 et 4.

2° L'article 2 de la loi du 22 novembre -- 1er décembre 1790, relative aux domaines nationaux (1);

3° Le chapitre 6 de la loi en forme d'instruction, du 12 -- 20 août 1790 (2);

4° L'article 10 du titre 3 de la loi du 16 -- 24 août 1790, sur l'organisation judiciaire (3);

5° L'article 4 de la 1ère section du titre 1er de la loi du 28 septembre -- 6 octobre 1791, sur la police rurale (4);

6° Les articles 15 et 16 du titre 2 de la même loi (5);

7° La loi du 21 septembre 1792 (6);

Considérant qu'au mépris des lois ci-dessus, les rivières navigables et flottables, les canaux d'irrigation et de dessèchement, tant publics que privés, sont, dans la plupart des départements, obstrués par des batardeaux, écluses, gords, pertuits, anares, chaussées, plants d'arbres, fascines, pilotis, filets dormants et à mailles ferrées, réservoirs, engins permanents, etc.; que, de là, résultent non-seulement l'inondation des terres riveraines et l'interruption de la navigation, mais l'attérissement même des rivières et canaux navigables, dont le fond, ensablé ou envasé, s'élève dans une proportion effrayante; qu'une plus longue tolérance de cet abus ferait bientôt disparaître

(1) Il est ainsi conçu : Les fleuves et rivières navigables sont considérés comme des dépendances du domaine public.

(2) Voyez le texte ci-après, titre 2, chap. 1, section 1.

(3) Voyez le texte ci-après, *idem*.

(4) Voyez le texte ci-après, *idem*.

(5) Voyez le texte ci-après, *idem*.

(6) Voyez ci-devant, page 11.

le système entier de la navigation intérieure, qui, lorsqu'il aura reçu tous ses développements par des ouvrages d'art, doit porter l'industrie à un point auquel nulle nation ne saurait atteindre;

Considérant que, pour assurer à la France les avantages qu'elle tient de la nature et de sa position entre l'Océan, la Méditerranée et les grandes chaînes de montagnes d'où partent une foule de fleuves et de rivières secondaires, il ne s'agit que de rappeler aux autorités constituées et aux citoyens les lois existantes sur cette matière (1):

Arrête ce qui suit:

Article 1er. Dans le mois de la publication du présent arrêté, chaque administration départementale nommera un ou plusieurs ingénieurs, et un ou plusieurs propriétaires, pour, dans les deux mois suivants, procéder, dans toute l'étendue de son arrondissement, à la visite de toutes les rivières navigables et flottables, de tous les canaux d'irrigation et de dessèchement généraux, et en dresser procès-verbal, à l'effet de constater:

1° Les ponts, chaussées, digues, écluses, usines, moulins, plantations utiles à la navigation, à l'industrie, au dessèchement ou à l'irrigation des terres;

2° Les établissements de ce genre, les batardeaux, les pilotis, gords, pertuits, murs, amas de pierres, terres, fascines, pêcheries, filets dormants et à mailles

(1) Il a paru convenable de rapporter textuellement le préambule de cet acte du gouvernement, afin de mettre le lecteur plus à portée de se pénétrer du véritable esprit dans lequel a été rédigé le dispositif.

ferrées, réservoirs, engins permanents, et tous autres empêchements nuisibles au cours de l'eau.

2. Copie de ce procès-verbal sera envoyée au ministre de l'intérieur.

3. Les administrations départementales enjoindront à tous propriétaires d'usines, écluses, ponts, batardeaux, etc., de faire connaître leurs titres de propriété, et, à cet effet, d'en déposer des copies authentiques aux secrétariats des administrations municipales, qui les transmettront aux administrations départementales.

4. Les administrations départementales dresseront un état séparé de toutes les usines, moulins, chaussées, etc., reconnus dangereux ou nuisibles à la navigation, au libre cours des eaux, aux desséchements, à l'irrigation des terres, mais dont la propriété sera fondée en titres.

5. Elles ordonneront la destruction, dans le mois, de tous ceux de ces établissements qui ne se trouveront pas fondés en titres, ou qui n'auront d'autres titres que des concessions féodales abolies.

6. Le délai prescrit par l'article précédent pourra être prorogé jusques et compris les deux mois suivants: passé lesquels, hors le cas d'obstacles reconnus invincibles par les administrations centrales, la destruction n'étant pas opérée par le propriétaire, sera faite à ses frais et à la diligence du commissaire du directoire exécutif, près chaque administration centrale.

7. Ne pourront néanmoins, les administrations centrales, ordonner la destruction des chaussées, gords, moulins, usines, etc., qu'un mois après en avoir averti

les administrations centrales des départements inférieurs et supérieurs, situés sur le cours des fleuves ou rivières, afin que celles-ci fassent leurs dispositions en conséquence.

8. Les administrations centrales des départements inférieurs et supérieurs, qui auront sujet de craindre les résultats de cette destruction, en préviendront sur-le-champ le ministre de l'intérieur, qui pourra, s'il y a lieu, suspendre l'exécution de l'arrêté par lequel elle aura été ordonnée.

9. Il est enjoint aux administrations centrales et municipales, et aux commissaires du directoire exécutif institués près d'elles, de veiller avec la plus sévère exactitude à ce qu'il ne soit établi, par la suite, aucun pont, aucune chaussée, permanente ou mobile, aucune écluse ou usine, aucun batardeau, moulin, digue, ou autre obtacle quelconque, au libre cours des eaux dans les rivières navigables et flottables, dans les canaux d'irrigation ou de dessèchements généraux, sans en avoir préalablement obtenu la permission de l'administration centrale, qui ne pourra l'accorder que de l'autorisation expresse du directoire exécutif (1).

---

(1) Une instruction ministérielle du 6 août 1798 (19 thermidor an 6), a eu pour objet de déterminer les formalités qui devaient être remplies préalablement à toute permission de cette nature. Elles sont indiquées dans un arrêté réglementaire dont le texte est rapporté au chapitre 3 de cet ouvrage. Il est donc inutile d'en faire mention ici. On se bornera à faire remarquer que l'intervention de l'inspecteur de la navigation est nécessaire en cas d'établissement d'une construction quelconque sur une rivière navigable ou flottable. Cet

10. Ils veilleront pareillement à ce que nul ne détourne le cours des eaux des rivières et canaux navigables ou flottables, et n'y fasse des prises d'eau où

---

agent doit alors se concerter avec l'ingénieur chargé de la visite et reconnaissance des lieux, et développer son opinion dans un rapport explicatif.

L'acte administratif portant autorisation d'un semblable établissement doit énoncer d'une manière explicite trois conditions essentielles auxquelles est soumis le concessionnaire :

1° Celle de faire à ses frais, après l'achèvement des travaux, constater leur état par un rapport de l'ingénieur dont une expédition doit être déposée aux archives de la préfecture, et l'autre transmise à la direction générale des ponts et chaussées.

2° Celle de se conformer exactement aux dispositions de l'acte de concession, sans quoi l'autorisation est révoquée et les lieux remis, à ses frais, dans leur état primitif. Il en doit être usé de même dans le cas où le concessionnaire, après avoir exécuté fidèlement les conditions imposées, viendrait par la suite à faire quelqu'entreprise sur le cours d'eau, ou changerait l'état des lieux sans s'y être fait autoriser.

3° Celle de renoncer d'avance pour lui et ses ayant-cause, à prétendre, dans aucun temps ni sous aucun prétexte, indemnité, chômage ou dédommagements par suite des dispositions que le gouvernement jugerait convenable de faire pour l'avantage de la navigation du commerce ou de l'industrie, sur les cours d'eau où sont situées les constructions autorisées.

Il résulte clairement de l'article 9 de l'arrêté du 7 mars 1798 (17 ventôse an 6) qu'*au gouvernement seul* appartient le droit d'autoriser des constructions sur les rivières navigables ou flottables. Il est conséquent en cela avec l'art. 43 du titre 27 de l'ordonnance de 1669, qui pose en principe

saignées pour l'irrigation des terres, qu'après y avoir été autorisé par l'administration centrale, et sans pouvoir excéder le niveau qui aura été déterminé.

11. Les propriétaires des canaux de desséchement particuliers ou d'irrigation, ayant à cet égard les mêmes droits que la nation, il leur est réservé de se pourvoir en justice réglée, pour obtenir la démolition de toutes usines, écluses, bâtardeaux, pêcheries, gords, chaussées, plantations d'arbres, filets dormants ou à mailles ferrées, réservoirs, engins, lavoirs, abreuvoirs, prises d'eau, et généralement de toutes constructions nuisibles au libre cours des eaux, et non-fondées en droits.

---

que de semblables autorisations doivent être accordées par le Roi. Pourquoi donc existe-t-il plusieurs ordonnances royales, et on peut citer entr'autres celle du 22 janvier 1824, dont l'objet est indiqué ci-après, article 2, paragraphe 2 (page 28), qui semblent, lorsqu'un préfet a pris un arrêté qui permet de former un établissement sur un cours d'eau indépendant du domaine public, n'exiger autre chose que l'homologation dudit arrêté par le ministre de l'intérieur pour rendre cette permission définitive ? Voici comment peut s'expliquer cette apparente contradiction.

Les arrêtés de l'espèce dont il s'agit sont soumis au ministre de l'intérieur par l'intermédiaire de la direction générale des ponts et chaussées. Si le ministre en approuve les dispositions, il les souscrit de son homologation, et il leur donne ainsi le caractère *nécessaire* pour devenir la base de l'acte de concession qui ne peut émaner que de l'autorité souveraine. C'est en ce sens que doivent être entendues les ordonnances royales analogues à celle du 22 janvier 1824, qui ont motivé cette explication. Toute autre interprétation serait erronée.

Extrait du Code civil. (Promulgation du 25 janvier 1804 -- 4 pluviôse an 12.)

Article 538. Les fleuves et rivières navigables *ou* flottables sont considérés comme des dépendances du domaine public.

Extrait du Décret du 25 août 1804 (*7 fructidor an* 12).

Art. 15, §. 4. Le Conseil général des ponts et chaussées donnera son avis sur le contentieux de l'administration, relatif à l'établissement, réglement, et police des usines à eau. Il sera nécessairement consulté sur toutes les questions contentieuses qui devront être portées au Conseil d'état, ou décidées par le ministre.

75. Lorsque les ingénieurs des ponts et chaussées auront prêté leur ministère pour l'exécution des lois et décrets impériaux, et des jugements des cours, et lorsqu'ils auront été commis pour des travaux dédépendant de l'administration publique, et de celle des départements et des communes, ils seront remboursés de leurs frais de voyage et autres dépenses, et ils recevront, en outre, des honoraires proportionnés à leur travail.

Ces honoraires seront déterminés par le temps qu'ils auront employé soit à faire des plans et projets, soit à en suivre l'exécution, sans que la base puisse être établie sur l'étendue des dépenses.

Les ingénieurs fourniront l'état de leurs frais et indemnités, dont ils seront remboursés d'après l'approbation, le réglement et le mandat du préfet.

Ce mandat sera exécutoire contre les particuliers

qui, intéressés dans une affaire administrative, contentieuse ou judiciaire, auront été déclarés devoir supporter les frais dûs à l'ingénieur; et il sera procédé au recouvrement, par voie de contrainte, comme en matière d'administration.

Extrait du décret du 22 janvier 1808.

Article 1er. Les dispositions de l'article 7, titre 28 de l'ordonnance de 1669, sont applicables à toutes les rivières navigables de l'empire, soit que la navigation y fût établie à cette époque, soit que le gouvernement se soit déterminé depuis, ou se détermine aujourd'hui et à l'avenir à les rendre navigables.

3. Il sera payé aux riverains des fleuves ou rivières navigables où la navigation n'existait pas, et où elle s'établira, une indemnité proportionnée au dommage qu'ils éprouveront, et cette indemnité sera évaluée conformément aux dispositions de la loi du 16 septembre 1807 (1).

---

(1) Lorsqu'une rivière est déclarée navigable ou flottable, les riverains perdent la possession du lit et tous les avantages qui en dérivent, conformément aux articles 538, 644 et 714 du Code civil, tels que le droit d'y pratiquer des prises d'eau pour l'irrigation de leurs propriétés, celui de pêche dont ils jouissaient le long de leur rive, etc. L'indemnité à laquelle ils ont droit de prétendre devrait être réglée en égard à ces diverses circonstances. Telle n'est point la jurisprudence actuelle, et il serait fort juste de la changer. Consulter le paragraphe 6, section 2, chapitre 2 du *Traité de la Voirie*, par M. Isambert, avocat aux Conseils du Roi et à la Cour de cassation.

Décret du 10 avril 1812.

Napoléon, etc.

Vu la loi du 29 floréal an 10, relative aux contraventions en matière de grande voirie (1);

Vu le titre 9 de notre décret du 16 décembre 1811 (2),

---

(1) Voici le texte de cette loi :

« Art. 1er. Les contraventions en matière de grande voirie, telles qu'anticipations, dépôts, de fumiers et d'autres objets, et toutes espèces de détériorations commises sur les...... canaux, fleuves et rivières navigables.... seront constatées, réprimées et poursuivies par voie administrative.

» Art. 2. Les contraventions seront constatées concuremment par les maires et adjoints, les ingénieurs des ponts et chaussées, leurs conducteurs, les agents de la navigation, les commissaires de police et la gendarmerie. A cet effet, ceux des fonctionnaires publics ci-dessus désignés, qui n'ont pas prêté serment en justice, le prêteront devant le préfet.

» Art. 3. Les procès-verbaux sur contraventions seront adressés au sous-préfet, qui ordonnera par provision, et sauf le recours au préfet, ce que de droit pour faire cesser les dommages.

» Art. 4. Il sera statué définitivement en conseil de préfecture. Les arrêtés seront exécutés sans visa, ni mandement des tribunaux, nonobstant et sauf tout recours, et les individus condamnés seront contraints par l'envoi de garnisaires et saisies de meubles, en vertu desdits arrêtés, qui seront exécutoires et emporteront hypothèque. »

(2) Il suffit de citer les articles 112, 113 et 114 de ce titre.

« Art. 112. A dater de la publication du présent décret, les cantonniers, gendarmes, gardes-champêtres, conduc-

prescrivant des mesures répressives des délits de grande voirie, et complétant la loi du 29 floréal an 10;

Notre conseil d'état entendu, nous avons décrété et décrétons ce qui suit :

Le titre 9 de notre décret précité est applicable aux canaux et rivières navigables, sans préjudice de tous les autres moyens de surveillance ordonnés par les lois et décrets, et des fonctions des agents qu'ils instituent.

Loi du 28 *juillet* 1824.

Les droits réglés par les articles 13 et 14 du chapitre 17 de l'ordonnance de 1672, seront portés à quatre francs,

---

teurs des ponts et chaussées et autres agents appelés à la surveillance de la police des routes, pourront affirmer leurs procès-verbaux de contravention devant le maire ou l'adjoint du lieu.

» Art. 113. Les procès-verbaux seront adressés au sous-préfet qui ordonnera sur-le-champ, aux termes des articles 3 et 4 de la loi du 29 floréal an 10, la réparation des délits par les délinquants ou à leur charge, s'il s'agit de dégradations, dépôt de fumiers, immondices ou autres substances, et en rendra compte au préfet, en lui adressant les procès-verbaux.

» Art. 114. Il sera statué sans délai par les conseils de préfecture, tant sur les oppositions qui auraient été formées par les délinquants, que sur les amendes encourues par eux, nonobstant la réparation du dommage. »

Aux termes de l'article 116, la rentrée des amendes prononcées par les conseils de préfecture devait avoir lieu à la diligence des receveurs généraux; mais depuis ce sont les receveurs de l'enregistrement qui en ont été chargés.

au lieu de quarante sols, pour chômage d'un moulin pendant vingt-quatre heures, quel que soit le nombre des tournants (1).

---

(1) Cette indemnité paraît encore insuffisante relativement aux moulins à blé, à plus forte raison relativement aux autres établissements industriels d'une plus haute importance. On peut objecter, il est vrai, que les entrepreneurs de ces établissements se sont soumis en pleine connaissance de cause à une condition qui apparemment ne leur a point paru en définitif trop onéreuse.

L'article 45 du titre 27 de l'ordonnance de 1667 attribuait aux grands-maîtres ou officiers des maîtrises le jugement des différents auxquels peut donner lieu le chômage des moulins et autres circonstances du flottage. Cette attribution n'a pu être transportée aux agents forestiers. Quelles sont donc aujourd'hui les autorités dans la compétence de qui elle se trouve placée ?

Il paraîtrait naturel de penser que si ces différents ont pour objet le paiement ou la quotité des droits de chômage, les dommages réclamés par des riverains, et autres actions particulières, c'est aux tribunaux qu'il appartient d'en connaître; que si, au contraire, ils se rapportent, soit au mode du flottage, soit aux époques de l'année où il s'exerce, soit à sa durée, alors ils rentrent dans le domaine de l'autorité administrative.

Cependant une ordonnance royale, du 4 février 1824, insérée au Recueil des arrêts du conseil, tome 6, page 69, semblerait attribuer exclusivement à l'administration toutes les contestations que peut faire naître entre les flotteurs et les particuliers l'exercice du flottage. Un arrêté des consuls, du 27 avril 1801 (7 floréal an 9), avait déjà déterminé cette attribution, mais dans une circonstance tout-à-fait extraordinaire: il s'agissait des mesures à prendre pour recouvrer les bois mis

Article 2. -- Jurisprudence du Conseil d'Etat.

§. 1er.

Réglements d'Administration publique.

1. La question de savoir si un cours d'eau est navigable ou flottable, ou s'il convient de lui creuser un nouveau lit, est du domaine de l'autorité administrative; c'est aux préfets qu'il appartient de soumettre au ministre de l'intérieur les propositions nécessaires pour faire statuer, par une ordonnance royale, dans l'intérêt combiné du public et des particuliers, sur les questions de cette nature. (Décrets des 22 janvier 1808 (1) et 17 juillet 1811. -- Ordonnance royale

---

en flottage pour l'approvisionnement de Paris, sur les rivières et ruisseaux flottables des départements de l'Yonne et de la Nièvre, et qui avaient été entraînés par une crue subite des eaux.

A moins de supposer qu'elle ne fait jurisprudence que pour les cours d'eau flottables, que concernait spécialement l'ordonnance de 1672, l'ordonnance royale du 4 février 1824 impliquerait contradiction avec un arrêt de la cour de cassation, du 18 mai 1823. Cet arrêt a jugé en effet que tous dommages-intérêts réclamés par les riverains des ruisseaux flottables, à l'occasion du flottage à bûches perdues, doivent être appréciés conformément aux règles du droit commun.

(1) On rapportera ici le texte de ce décret, parce qu'il retrace assez nettement les principes qui, en cas de contes-

du 6 décembre 1820. -- *Garnier* (Régime des Eaux, page 22.)

2. Lorsqu'un préfet a, par un acte administratif contre lequel il ne s'est point élevé de réclamation,

---

tations relatives aux cours d'eau, doivent déterminer la compétence de l'autorité administrative, ou celle de l'autorité judiciaire. Le voici :

« Vu la requête présentée par le sieur *Hours*, propriétaire du domaine des Elysées, près la ville d'Alais, département du Gard, lequel demande l'annullation des arrêtés du préfet de ce département, en date des 27 vendémiaire an 14, 26 et 29 juin, et 17 août 1817, dont le premier a assimilé la rivière du Gardon aux rivières navigables ou flottables, et les autres intervenus sur les contestations élevées entre les sieurs Hours et ses voisins, comme lui propriétaires du Gardon, lui ont enjoint de démolir les constructions qu'il a faites et en outre ont ordonné qu'il serait creusé un nouveau lit au Gardon ; »

» Vu lesdits arrêtés précités ; »

» Vu les procès-verbaux du juge, des 14 fructidor an 12 et 26 août 1807 ; »

» Considérant que les arrêtés du préfet, renferment *des mesures de haute administration contre lesquelles le requérant n'a pu réclamer que devant le ministre de l'intérieur ; mais qu'en tout ce qui touche aux intérêts des divers propriétaires riverains qui peuvent être en litige entr'eux, c'est à tort que le préfet a cru pouvoir statuer sur ce litige, qui est entièrement de la compétence des tribunaux ;* »

» Notre conseil d'état entendu, nous avons décrété et décrétons ce qui suit : »

» Les arrêtés du préfet du département du Gard, en date des 27 vendémiaire an 14 et 29 juin et 19 août 1807, sont annullés, *mais seulement en ce qui touche les droits des propri-*

déclaré une rivière navigable ou flottable, ce magistrat est compétent pour déterminer par un réglement le mode de jouissance des eaux.

Les oppositions auxquelles ce réglement peut donner lieu doivent être portées d'abord devant le ministre de l'intérieur, sauf, après décision, recours au conseil d'état. (Ordonnances royales des 13 juin 1821, 28 août 1822 et 26 mai 1824. -- *Macarel*, Recueil des Arrêts du Conseil, tome 2, page 74; tome 4, page 287; tome 6, page 276.)

3. Les dépenses d'entretien des ouvrages entrepris autrefois par des propriétaires d'usines hydrauliques, pour rendre une rivière navigable, doivent être supportées proportionnellement par le trésor public et lesdits propriétaires, depuis que la nouvelle législation a fait entrer cette rivière dans le domaine de l'état.

C'est au ministre de l'intérieur à déterminer, par un réglement d'administration publique, la part contributive du trésor et des propriétaires, à l'entretien desdits ouvrages, en raison des avantages qu'ils pro-

---

taires riverains sur lesquels il y a litige entr'eux, pour lequel litige les parties devront, s'il y a lieu, se pourvoir devant les tribunaux. »

Avant la révolution, il entrait dans les attributions des maîtrises des eaux et forêts de reconnaître et de déclarer si une rivière était navigable ou flottable; comme aussi, d'assurer la liberté de la navigation et du flottage (articles 3 et 14 du titre 1er de l'ordonnance de 1669). Il sera bon de consulter, relativement à la compétence de l'autorité administrative en cette matière, le *Traité des Servitudes* de M. *Pardessus*, page 124.

curent à la navigation et aux usines. (Ordonnance royale du 23 avril 1823. - *Macarel*, Recueil des Arrêts du Conseil, tome 5, page 288.)

4. La détermination des ouvrages à exécuter pour l'entretien d'un canal d'irrigation qui prend ses eaux dans un fleuve, l'adjudication et la direction des ouvrages, la répartition des dépenses entre les intéressés, sont du ressort de l'autorité administrative. Les tribunaux sont incompétents pour faire de semblables réglements. (Ordonnance royale du 5 novembre 1823. -- *Macarel*, Recueil des Arrêts du Conseil, tome 5, page 721.)

5. Les conseils de préfecture ne sont point compétents pour statuer sur les contestations auxquelles peut donner lieu un réglement d'administration publique qui soumet plusieurs propriétaires d'usines situées sur une rivière navigable, à contribuer aux frais d'entretien d'une digue ou chaussée, lorsqu'aux termes dudit réglement *les proportions de la part contributive de chacun doivent être fixées par le ministre de l'intérieur*. (Ordonnance royale du 29 octobre 1823. -- *Macarel*, Recueil des Arrêts du Conseil, tome 5, page 690.)

Dans toute autre circonstance, les conseils de préfecture, appelés à statuer sur ces contestations, ne doivent prononcer que conformément aux réglements. Il ne leur appartient pas de les modifier. (Ordonnance royale du 11 février 1824 (1). -- *Macarel*, Recueil des Arrêts du Conseil, tome 6, page 103.)

---

(1) Cette ordonnance est relative à des ouvrages pratiqués, non pour l'irrigation, mais pour la défense des propriétaires

6. Les préfets sont compétents, soit pour interpréter les réglements qu'ils auraient antérieurement arrêtés, soit pour faire des réglements prohibitifs de certains ouvrages construits sur une rivière navigable ou flottable, sans autorisation, et déterminer leur remplacement par d'autres ouvrages qui n'auraient pas les mêmes inconvénients.

Le recours contre de semblables réglements, ou interprétations de réglements, doit s'exercer d'abord devant le ministre de l'intérieur. Ce n'est qu'après sa décision qu'il peut être porté devant le conseil d'état. (Ordonnances royales des 28 août 1822 (1); 26 mai 1824 et 22 juin 1825. - *Macarel*, Recueil des Arrêts du Conseil, tome 4, page 262; tome 6, page 276; tome 7, page 310.)

7. L'arrêt du conseil, du 23 juillet 1743, portant réglement pour la Loire et ses affluants, n'a point été abrogée par les lois postérieures. En conséquence, il y a lieu, aux termes de ce réglement, de condamner à l'amende le riverain qui a fait des plantations sans autorisation, lorsque ces plantations sont nuisibles à

---

riverains du Rhône, contre les inondations de ce fleuve: toutefois le principe qu'elle énonce s'applique évidemment à l'une et à l'autre espèce. On peut consulter encore une autre ordonnance du 26 août 1824, rapportée au même Recueil, tome 6, page 554.

(1) Rien n'indique, dans le texte de cette ordonnance, que le cours d'eau auquel elle s'applique soit navigable ou flottable. Toutefois, la loi du 29 floréal an 10 a été invoquée. Au reste, ce cours d'eau traverse la ville d'Amiens, et des teintureries, en grand nombre, sont établies sur ses bords.

la navigation (1). (Ordonnance royale du 2 février 1825. -- *Macarel*, Recueil des Arrêts du Conseil, tome 7, page 51.

§ 2.

Constructions, Prises d'eau, etc.

1. L'établissement des usines sur les cours d'eau navigables ou flottables, soit à trains et radeaux, soit à bûches perdues, le réglement de leur point d'eau, les constructions qui en peuvent être la conséquence, sont dans les attributions des préfets et du ministre de l'intérieur, et ne doivent point avoir lieu sans son approbation. (Arrêté du directoire exécutif du 27 février 1798 - 9 ventôse an 6. Bulletin des lois, n° 189 (2); ordonnance royale du 27 décembre 1820. - Recueil de *Sirey*, tome 22, 2e partie, page 330; ordonnance royale du 17 août 1825. - *Macarel*, Recueil des Arrêts du Conseil, tome 7, page 474.)

L'autorisation qui émanerait d'un autre ministre ne saurait être invoquée comme titre valable par le particulier auquel elle aurait été accordée. (Ordonnance royale du 22 janvier 1824, tome 6, page 36.)

Cette circonstance l'aurait-elle fait assimiler à un cours d'eau dépendant du domaine public ? Une pareille assimilation serait-elle légale ?

(1) Consulter une ordonnance royale du 19 janvier 1825, indiquée au paragraphe 2 de la section 1 du titre 2.

(2) Un sieur *Bouillerot* avait été autorisé, par l'administration centrale du département de l'Aube, à construire une usine sur le ruisseau flottable d'*Aix*, qui paraît être un de ceux auxquels sont applicables les dispositions de l'ordon-

2. L'autorisation accordée par le gouvernement de construire une usine sur un cours d'eau navigable ne saurait avoir d'effet qu'en ce qui concerne le domaine public, et ne préjudicie point aux droits des autres riverains.

En conséquence, il est de la compétence des tribunaux de statuer au possessoire sur l'œuvre nouvelle que ferait le propriétaire d'un moulin, ainsi établi, dans une alluvion qu'un riverain prétendrait lui appartenir par droit d'accession. (Ordonnance royale du 22 juin 1825. - *Macarel*, Recueil des Arrêts du Conseil, tome 7, page 310.)

3. Si le concessionnaire d'une prise d'eau dans un canal dépendant du domaine public obtient l'autorisation d'y faire quelques changements, il doit se sou-

---

nance de 1672, concernant le flottage à bûches perdues. Le directoire exécutif jugea nécessaire, dans l'intérêt du flottage, de modifier cet acte, et prescrivit en conséquence diverses dispositions. L'arrêté précité, où elles sont exprimées, se termine ainsi :

« Art. 4. Faute, par le citoyen *Bouillerot*, de se conformer aux précédentes dispositions dans le délai prescrit, les lieux seront remis dans leur ancien état et de la manière prescrite par l'instruction du 24 pluviôse an 5, sur l'arrêté du 13 nivôse précédent. (Voir la note correspondant au titre 2.) L'administration centrale de l'Aube est au surplus invitée, conformément aux lois et instructions, à ne permettre l'exécution de ces arrêtés, portant autorisation d'usines sur les rivières, canaux et ruisseaux flottables ou navigables de son ressort, qu'autant que ces actes seront revêtus de l'*homologation du ministre de l'intérieur.* » (Voir la note de la page 17).

mettre aux conditions sous lesquelles cette autorisation lui a été accordée dans l'intérêt de la navigation; sinon l'administration peut le forcer de remettre les lieux dans leur ancien état.

Dans le cas où il prétendrait que lesdites conditions sont contraires à son titre primitif de concession, ou à ses droits de propriété, c'est aux tribunaux qu'il appartient de statuer; et il peut être sursis à la remise des lieux dans l'ancien état jusqu'au jugement à intervenir, sauf réserve de tous dommages-intérêts, le cas échéant. (Ordonnance royale du 18 décembre 1822. — *Macarel*, Recueil des Arrêts du Conseil, tome 4, page 476.)

4. L'administration publique ne peut autoriser le particulier auquel elle a concédé le droit d'établir une usine sur une rivière flottable, à prolonger le barrage

---

Les motifs de cet arrêté sont exprimés ainsi qu'il suit:

« Considérant que, conformément aux lois et réglements *sur le fait de la navigation*, le citoyen *Bouillerot* n'a pu être autorisé à construire une usine à battre les écorces sur le ruisseau flottable d'Aix, d'une manière nuisible au flottage qui se fait sur ce ruisseau; que l'autorisation à lui donnée par l'administration centrale de l'Aube, le 14 ventôse an 5, est subordonnée à l'examen de l'administration générale chargée de l'administration des rivières, canaux, fleuves et ruisseaux, etc. »

Ne semblerait-il point résulter de là que le gouvernement considérait alors les ruisseaux flottables à bûches perdues, comme soumis au même régime, à la même police que les cours d'eau flottables à train ou radeaux? Consulter les notes placées au commencement des titres 1 et 2.

de cette usine jusque sur la rive opposée, quoiqu'elle soit grevée de la servitude du marche-pied pour la conduite des bois flottés.

Les contestations qui pourraient s'élever relativement à un barrage ainsi établi, sont de la compétence des tribunaux ordinaires. (Ordonnance royale du 8 septembre 1824. - *Macarel*, Recueil des Arrêts du Conseil, tome 6, page 589.)

5. Le gouvernement, après avoir concédé à un particulier le droit de construire un établissement sur une rivière navigable ou flottable, peut ultérieurement modifier cette concession dans l'intérêt de la navigation ou du flottage, ou dans celui de la population d'une commun (1).

L'intervention des particuliers qui éprouveraient quelque dommage par le fait dudit établissement, doit être admise dans l'instance administrative qui a pour but de rechercher en quoi doivent consister ces modifications. (Ordonnance royale du 26 août 1824. - *Macarel*, Recueil des Arrêts du Conseil, tome 6, page 547.)

6. Un particulier ne peut se prétendre suffisamment autorisé à construire sur un cours d'eau dépendant du domaine public, parce que le préfet ou la direction générale des ponts et chaussées aurait provoqué, par un avis favorable, l'ordonnance royale de laquelle

(1) C'est la conséquence de l'une des clauses générales de toutes les ordonnances royales qui autorisent des constructions sur les cours d'eau navigables ou flottables. (Voir la note correspondante à l'article 9 de l'arrêté du gouvernement, du 9 mars 1798 - 19 ventôse an 6, page 22.)

seule peut émaner cette autorisation. L'arrêté du conseil de préfecture qui ordonnerait la démolition de ces constructions et condamnerait le contrevenant à l'amende doit sortir son plein et entier effet. (Ordonnance royale du 22 janvier 1823. - *Macarel*, Recueil des Actes du Conseil, tome 5, page 5.)

7. Lorsque plusieurs particuliers ont été soumis à coopérer à un système de travaux concernant un réglement d'eau sur une rivière navigable ou flottable, l'un d'eux ne peut être fondé à prétendre que ces travaux soient exécutés simultanément, et à refuser sous le prétexte de commencer ceux qui sont à sa charge. (Ordonnance royale du 31 mars 1825.- *Macarel*, Recueil des Arrêts du Conseil, tome 7, page 165.)

§ 3.

Irrigations.

1. En cas de contestations relatives au mode de jouissance des eaux d'un canal pratiqué pour arroser des propriétés particulières, conformément à un système d'irrigation convenu entre les propriétaires, c'est aux tribunaux qu'il appartient de prononcer, même quand ce canal serait entretenu par un cours d'eau dépendant du domaine public. (Ordonnance royale du 20 juin 1821. - *Macarel*, Recueil des Arrêts du Conseil, tome 2, page 103.)

2. Si les contestations qui s'élèvent entre divers propriétaires ayant droit de prise d'eau en vertu de concessions à eux faites par l'état dans un canal dépendant du domaine public, ont pour objet la question de savoir à qui appartient la priorité de jouissance des

eaux, les conseils de préfecture deviennent compétents pour statuer.

Toutefois, c'est au gouvernement seul qu'il appartient de juger les questions de compétence auxquelles donnerait lieu l'inexécution des conditions imposées à l'un des usagers. (Ordonnance royale du 15 août 1821.-*Macarel*, Recueil des Arrêts du Conseil, tome 2, page 256.)

3. Lorsque des propriétaires, constitués en association régulière, ont obtenu du gouvernement la concession d'une prise d'eau pour l'irrigation de leurs propriétés, les questions qui auraient pour objet de savoir si un particulier fait ou ne fait point partie de cette association, doivent être renvoyées aux tribunaux. (Ordonnance royale du 6 février 1822.-*Macarel*, Recueil des Arrêts du Conseil, tome 3, page 91.)

§ 4.

Contraventions.

1. Les préfets sont compétents pour ordonner la destruction de travaux qui entravent le cours d'une rivière navigable ou flottable, et portent préjudice aux propriétés riveraines (1).

---

(1) Ce n'est point par *voie répressive* que le préfet agit dans ce cas. Les mesures qu'il prescrit n'ont pour objet, aux termes de l'article 3 de la loi du 17 mai 1802 (voyez cette loi, page 20), que de *faire cesser les dommages* qu'éprouvent, soit l'intérêt public, soit les intérêts particuliers. Le conseil de préfecture applique ensuite au contrevenant

Le recours contre les arrêtés du préfet, pris en semblable circonstance, doit être fourni d'abord devant le ministre de l'intérieur. Ce n'est qu'après sa décision que les intéressés peuvent se pourvoir auprès du conseil d'état. (Ordonnances royales des 13 juin 1821 et 28 août 1822. - *Macarel*, Recueil des Arrêts du Conseil, tome 2, page 74; tome 4, page 262.)

2. Lorsque des riverains ont construit sans autorisation, sur le cours d'une rivière navigable, et que le préfet a, dans sa compétence, autorisé la conservation d'une partie des travaux et prescrit la destruction du reste, le conseil de préfecture peut ordonner, en cas d'inexécution, que la démolition ait lieu d'office, à la diligence de l'ingénieur en chef.

L'arrêté du conseil de préfecture est exécutoire, nonobstant pourvoi au conseil d'état. (Ordonnance royale du 31 juillet 1822. - *Macarel*, Recueil des Arrêts du Conseil, tome 4, page 133.)

3. Il appartient aux conseils de préfecture, et non aux préfets, de réprimer les contraventions commises sur les rivières navigables ou flottables, d'ordonner la démolition des ouvrages faits sans autorisation, et de prononcer les amendes encourues par les contrevenants.

---

l'amende encourue, sans préjudice des autres *condamnations* qu'il y a lieu, et qu'il lui appartient de prononcer.

Il ne faut pas perdre de vue cette distinction, sans quoi les ordonnances royales des 13 juin 1821 et 28 août 1822 pourraient, au premier coup-d'œil, paraître contradictoires avec celles des 20 juin 1821, 31 juillet 1822, 22 janvier 1824, et autres mentionnées en ce paragraphe, n°s 2, 3 et 5.

Les particuliers peuvent, dans leur intérêt privé, provoquer les arrêtés des conseils de préfecture emportant condamnation en semblable matière, et requérir l'exécution de ces actes administratifs. (Ordonnances royales des 20 et 22 juin 1825. - *Macarel*, Recueil des Arrêts du Conseil, tome 2, page 97; tome 7, page 313.)

4. La construction non-autorisée d'un bâtardeau qui change le régime des eaux dans le contre-fossé d'un canal de navigation, constitue une contravention qu'il appartient au conseil de préfecture de réprimer, et la destruction des ouvrages peut être par lui ordonnée.

L'arrêté du conseil de préfecture ne fait point obstacle à ce que les questions concernant tous droits de propriété ou de servitude qu'alléguerait le contrevenant pour justifier son entreprise, soient portées devant les tribunaux compétents, ni à ce qu'il se retire devers l'autorité administrative pour obtenir un nouveau réglement d'eau, si le régime des eaux, dans le contre-fossé, peut être modifié sans inconvénient pour la navigation ou pour les riverains. (Ordonnance royale du 19 février 1823. - *Macarel*, Recueil des Arrêts du Conseil, tome 5, page 128.)

5. Si des ouvrages ont été construits sur un cours d'eau dépendant d'une rivière navigable (1), soit sans autorisation, soit non-conformément aux conditions de l'autorisation obtenue, il appartient au conseil de préfecture d'en ordonner la destruction, quoique d'ailleurs

(1) Consulter une ordonnance royale du 19 janvier 1825, indiquée au 2e paragraphe de l'article 2, section 1, titre 2.

le cours d'eau ne soit point *lui-même* navigable, et de condamner le contrevenant à une amende qui peut être portée à 500 francs.

Le conseil d'état, en cas de recours, peut prononcer la réduction de cette amende, s'il le juge convevenable, sans infirmer pour cela l'arrêté attaqué. (Ordonnances royales des 22 janvier 1824 et 27 avril 1825. – *Macarel*, Recueil des Arrêts du Conseil, tome 6, page 32; tome 7, page 199.)

Un dépôt de chanvre livré au rouissage dans une rivière navigable ou flottable constitue une contravention en matière de grande voirie. Les contrevenants doivent être poursuivis et jugés administrativement (1).

---

(1) La jurisprudence a varié sur ce point On avait pensé d'abord que le rouissage constituait une contravention à l'article 42 de l'ordonnance de 1669. (Questions de droit administratif, par M. *de Cormenin*, tome 2, page 443.) Plus tard, on a considéré que cet article avait été abrogé par les décrets des 10 avril 1812 et 16 décembre 1811, qui attribuent aux conseils de préfecture la répression des contraventions nuisibles au libre cours des eaux du domaine public.

Cependant il est de fait que le rouissage corrompt les eaux et fait périr le poisson. Sous ce rapport, ne peut-il être considéré aussi comme une contravention à l'article 14 du titre 31 de l'ordonnance de 1669, quoiqu'il ne soit point spécifié dans cet article? L'article 58 du cahier des charges pour les baux de la pêche, approuvé par le ministre des finances le 11 avril 1821, semble résoudre affirmativement la question. Ainsi donc les délits de rouissage pourraient être

(Ordonnances royales des 4 février et 4 novembre 1824. - *Macarel*, Recueil des Arrêts du Conseil, tome 6, pages 90 et 620.)

SECTION II.

PÊCHE.

ARTICLE 1er.--Lois et Actes du Gouvernement.

Extrait de l'arrêté du Gouvernement du 16 *juillet* 1797 (28 messidor an 6), *concernant la Police du droit de Pêche.*

Le directoire exécutif, vu,

1° Les articles 5, 6, 7, 8, 9, 10, 11, 12, 14, 17 et 18, titre 31, de l'ordonnance de 1669, contenant diverses dispositions propres à régler l'exercice du droit de pêche, de manière à ce qu'il ne dégénère pas en un abus nuisible;

---

constatés et réprimés à la diligence, soit des agents des ponts et chaussées, soit des agents de l'administration forestière.

Mais en supposant que l'article 14 du titre 31 de l'ordonnance de 1669 soit inapplicable dans l'espèce, il n'en est pas moins vrai qu'aux termes de l'article 484 du Code pénal, le rouissage dans les cours d'eau, soit qu'ils dépendent ou non du domaine public, doit être réprimé correctionnellement là où il était autrefois prohibé par des réglements particuliers. Or, il existait de pareils réglements dans un grand nombre de provinces, entre lesquelles on peut citer la *Bretagne*, la *Flandre*, la *Normandie*, etc., etc.

2° L'article 609 du Code des délits et des peines (1), qui veut qu'en attendant que les dispositions de l'ordonnance de 1669 ayent pu être revisées, les tribunaux correctionnels appliquent aux délits qui sont de leur compétence les peines qu'elle prononce ;

Considérant que la suppression du droit exclusif de la pêche (2), en donnant à chacun la faculté de pêcher dans les rivières navigables et flottables, n'entraîne point l'abrogation des règles établies pour la conservation des différentes sortes de poissons, et pour le maintien de l'ordre et le respect des propriétés ; qu'ainsi les articles ci-dessus cités du titre 31 de l'ordonnance de 1669 doivent continuer d'avoir leur exécution,

Arrête ce qui suit:

Article 1er. Les articles 5 jusqu'à ces mots : *pourvu que ce soit*, etc., et 6 jusqu'aux mots: *et du carcan*, etc., 7, 8, 9, 10, 11, 12, 14, 17 et 18 du titre 31 de l'ordonnance des eaux et forêts de 1669 (3), relatifs à la police de la pêche, continueront d'être exécutés : en

---

(1) C'est celui du 25 octobre 1795 (3 brumaire an 4). Il est à remarquer toutefois que plusieurs des peines déterminées par l'ordonnance de 1669 ne sauraient plus être appliquées depuis qu'elles ont été placées hors de notre législation pénale par l'article 35 de la loi du 25 septembre -- 6 octobre 1791. (Voir les notes 1 et 2, pages 7 et 11.)

(2) Elle a été prononcée par les articles 2 et 5 de la loi du 25 août 1792, relatés dans une autre loi du 6 juillet 1793.

(3) Consulter ces articles, pages 6, 7, 8 et 9.

conséquence et conformément à l'article 609 du Code des délits et des peines, les tribunaux correctionnels appliqueront à ceux qui contreviendront aux dispositions de ces articles les peines qu'il prononce, jusqu'à ce qu'il en soit autrement ordonné par le corps législatif.

Extrait de la loi du 4 mai 1802 (14 floréal an 10), relative aux Contributions indirectes.

Article 12. A compter du 1er vendémiaire prochain, nul ne pourra pêcher dans les fleuves et rivières navigables (1) s'il n'est muni d'une licence, ou s'il n'est

---

(1) La loi ne parle que des fleuves et rivières *navigables;* doit-on en conclure que la pêche, dans les rivières flottables, ne saurait être affermée au profit du trésor? Avant la promulgation du titre 1er du livre 2 du Code civil, l'affirmative n'était point douteuse, nonobstant l'opinion contraire exprimée dans une circulaire ministérielle, du 25 novembre 1803 (3 frimaire an 12), concernant la mise en ferme de la pêche, et qui n'exceptait que les cours d'eau *flottables à bûches perdues* seulement.

L'article 538 du Code ayant, ainsi qu'on l'a vu, page 18, rangé les rivières flottables dans la dépendance du domaine public, on pourrait en conclure que la pêche de ces rivières appartient au trésor; cependant un avis du conseil d'état, qui, sous le gouvernement précédent, était l'interprête naturel des lois, semble avoir maintenu la restriction qui résulte des articles 12 et 14 de la loi ci-dessus. On trouvera cet avis, qui porte une date postérieure à la promulgation du titre 1er du livre 2 du Code civil, textuellement rapporté ci-après, titre 2, chapitre 2, section 2, article 1er. Il a servi de

adjudicataire de la ferme de la pêche, conformément aux articles suivants.

13. Le gouvernement déterminera les parties des fleuves et rivières où il jugera la pêche susceptible d'être mise en ferme, et il réglera, pour les autres, les conditions auxquelles seront soumis les citoyens qui voudront y pêcher moyennant une licence.

14. Tout individu qui, n'étant ni fermier de la pêche, ni pourvu de licence, pêchera dans les fleuves et rivières navigables, autrement qu'à la ligne flottante et à la main, sera condamné,

1° A une amende qui ne pourra être moindre de cinquante francs, ni excéder deux cents francs;

2° A la confiscation des engins et filets de pêche;

3° A des dommages-intérêts envers les fermiers de la pêche, d'une somme pareille à l'amende.

---

motif à un arrêt émané de la cour royale de Pau, en date du 11 Mars 1824. (Recueil de *Sirey*, tome 25, 2e partie, page 274.)

Quoiqu'il en soit, un arrêté du ministre des finances, en date du 6 novembre 1820, rapporté dans le *Dictionnaire général des Eaux et Forêts*, par *Baudrillart*, tome 2, page 878, avait décidé la question dans l'intérêt du fisc, relativement aux rivières de la Meurthe et de la Moselle, dans les parties où elles ne sont que flottables à bûches perdues pendant le temps des hautes et moyennes eaux; mais un avis du conseil d'état, du 21 février 1822, dont le texte est ci-après, titre 2, chapitre 2, section 2, article 1er, a fait justice de cette prétention fiscale. La cour de cassation a rendu, les 22 août 1823 et 11 août 1824, deux arrêts conformes au principe que consacre cet avis.

L'amende sera double en cas de récidive (1).

15. Les délits seront punis de la même manière que les délits forestiers.

16. Les gords, barrages et autres établissements fixes de pêche, construits ou à construire, seront pareillement affermés, après qu'il aura été reconnu qu'ils ne nuisent point à la navigation, qu'ils ne peuvent produire aucun atterrissement dangereux, et que les propriétaires riverains n'en peuvent souffrir de dommage.

17. La police, la surveillance et la conservation de la pêche seront exercées par les agents et préposés de l'administration forestière, en se conformant aux dispositions prescrites pour constater les délits forestiers.

18. Les fermiers de la pêche pourront établir des garde-pêches, à la charge d'obtenir l'approbation du conservateur des forêts, et de les faire recevoir comme gardes-forestiers (2).

---

(1) En supposant que la pêche, dans les rivières flottables, appartienne exclusivement à l'etat, ceux qui y pêcheraient sans licence ne seraient point passibles des peines ci-dessus. En effet, la loi du 4 mai 1802 (14 floréal an 10), ne parle que des rivières navigables; or, il est de principe que les peines ne sauraient s'appliquer qu'aux delits et contraventions qu'elles concernent littéralement : elles ne doivent point être étendues par analogie d'un cas à l'autre.

(2) Quoique la loi dont on vient de rapporter le texte soit muette à cet egard, les pêcheurs, fermiers du droit de pêche, ou pourvus de licences, n'en sont pas moins obligés de soumettre leurs filets et engins à l'empreinte d'un sceau en plomb aux armes de France, conformément à l'article 13 du titre 31 de l'ordonnance de 1669. Ainsi l'a jugé un arrêt de la cour de cassation, du 20 août 1824. (Voir la note de la page 9.)

Avis du Conseil d'état, du 19 *juillet* 1804 (30 messidor an 12), *approuvé le* 30 *du même mois* (11 thermidor).

Le conseil d'état, après avoir entendu le rapport de la section des finances, sur le renvoi qui lui a été fait d'un projet de décret dont l'objet principal est de maintenir provisoirement les possesseurs de droits de pêche dans les fleuves et rivières navigables dont les titres sont antécédents à l'édit de 1669, est d'avis

Qu'on ne peut adopter le projet, attendu,

1° Que la convention nationale ayant, par son décret du 30 juillet 1793, rangé les droits exclusifs de chasse et de pêche dans la classe des droits féodaux supprimés sans indemnité, le droit de pêche s'est trouvé irrévocablement anéanti dans la main de ceux qui en jouissaient, soit patrimonialement, soit à titre d'engagistes ou d'échangistes;

2° Que le rétablissement du droit exclusif de pêche dans les fleuves et rivières navigables, ordonné en faveur de l'état par le titre 5 de la loi du 14 floréal an 10, n'a apporté, à l'égard des particuliers, aucun changement dans la législation établie par le décret du 30 juillet 1793 (1).

---

(1) Un décret du 11 avril 1810 a prononcé, conformément à ce principe, l'annullation d'un arrêté du conseil de préfecture de l'Eure, qui avait maintenu un sieur Leuffroy-Leroux dans la propriété d'une pêcherie située en la rivière de Seine, sous le pont de Vernon.

Art. 2. - Jurisprudence du Conseil d'Etat.

1. Les droits de pêche dans les rivières navigables, soit qu'ils dérivassent directement du régime féodal, soit qu'ils eussent été acquis à titre onéreux antérieurement à l'ordonnance de 1669, demeurent supprimés par les lois portant abolition de la féodalité, et sont rentrés dans les mains de l'état. (Ordonnance du Roi, du 22 janvier 1823. - *Macarel*, Recueil des Arrêts du Conseil, tome 5, page 9.)

2. Nul ne peut se prétendre propriétaire d'un bras d'une rivière navigable ni flottable, non plus que du droit exclusif de pêche sur ce bras qui ne saurait être susceptible d'une propriété privée. La vente qui en aurait été faite comme accession et dépendance du domaine national, serait nulle sous l'un et l'autre rapport. (Ordonnances royales des 30 mai 1821, 12 février 1823, et 27 avril 1825. - *Macarel*, Recueil des Arrêts du Conseil, tome 1, page 608; tome 5, page, page 62; tome 7, page 202.)

3. Les préfets sont compétents pour faire des réglements concernant la pêche dans les rivières navigables ou flottables, la répression des contraventions auxdits réglements est dans les attributions des conseils de préfecture (Ordonnance royale du 20 novembre 1815. - Jurisprudence du conseil d'état, tome 3, page 151; ordonnance royale du 30 mai 1821. - *Macarel*, Recueil des Arrêts du Conseil, tome 1, page 608.)

TITRE II.

Des Eaux non-dépendant du domaine public (1).

CHAPITRE PREMIER.

LÉGISLATION ANCIENNE.

SECTION I.

USAGE ET POLICE DES EAUX.

Extrait de l'Ordonnance de 1672.

Chapitre 17, article 6. Les marchands de bois

---

(1) Sous le régime féodal, dit M. le président *Henrion de Pansey*, dans son excellent Traité *de la Compétence des Juges de paix*, les petites rivières appartenaient aux seigneurs; ils en avaient la propriété et la police; en conséquence, personne ne pouvait disposer des eaux sans une concession de leur part.

Ce principe était consacré par la plupart des coutumes propres aux différentes provinces de France, avec des réserves plus ou moins restrictives, selon les localités. On lit ce qui suit dans le Répertoire de Jurisprudence de *Denizart*, édition de 1757, tome 2, page 126 : « A l'égard des petites » rivières qui ne sont point navigables, elles appartiennent » aux seigneurs. . . . . Loysel dit qu'au-dessus de sept pieds » elles sont seigneuriales, et qu'au-dessous elles appartien» nent aux riverains ».

flotté pourront faire jeter leurs bois, à bois perdu,

Ainsi donc, toutes les rivières qui n'étaient ni navigables, ni flottables à *trains* ou *radeaux*, selon les expressions de l'arrêt du conseil du 9 novembre 1694, mentionné page 2, se trouvaient hors du domaine de la couronne. Il arriva toutefois que les eaux de quelques-unes d'entr'elles furent déclarées soumises, par l'autorité souveraine, à une servitude dont l'origine date de plus de trois cent cinquante ans. Nous rapporterons à ce sujet l'historique suivant, emprunté au 2e volume de l'Encyclopédie, page 305, édition de 1751, et qui se fait lire avec intérêt :

« Il y a quelques siècles, que l'on était dans l'appréhension que Paris ne manquât un jour de bois de chauffage. Les forêts des environs se détruisaient, et l'on prévoyait qu'un jour il faudrait y transporter le bois des provinces éloignées ; ce qui rendrait cette marchandise si utile et d'un usage si général, d'un prix exhorbitant, occasionné par le coût des charrois. Si l'on eût demandé alors à la plupart de ceux qui sentent le moins le mérite de l'invention du flottage des bois, comment on pourrait remédier à ce terrible inconvénient dont on était menacé, ils auraient été, je crois, bien embarrassés; l'accroissement et l'entretien des forêts eussent été, selon toute apparence, leur unique ressource. C'est en effet à ces moyens longs, coûteux et pénibles, que se réduisait alors toute la puissance du Gouvernement, et la capitale était sur le point de devenir beaucoup moins habitée, par la cherté des bois, lorsqu'un nommé *Jean Rouvet*, bourgeois de Paris, imagina, en 1549, de rassembler les eaux de plusieurs ruisseaux et rivières non-navigables, et d'y jeter les bois coupés dans les forêts les plus éloignées ; de les faire descendre ainsi jusqu'aux grandes rivières ; là, d'en former des trains et de les amener à flot, et sans bateaux, jusqu'à

sur les rivières et ruisseaux, en avertissant les

Paris. J'ose assurer que cette invention fut plus utile au royaume que plusieurs batailles gagnées, et méritait des honneurs autant du moins qu'aucune belle action. *Jean Rouvet* fit ses premiers essais dans *le Morvan*. Il rassembla tous les ruisseaux de cette contrée, fit couper ses bois, et les abandonna hardiment au courant des eaux. Il réussit; mais son projet fut traité de folie, et traversé après le succès, comme c'est la coutume. Il ne fut porté à la perfection, et ne reçut toute l'extension dont il était susceptible, qu'en 1560, par *René Arnou*. »

C'est donc la nécessité d'approvisionner la ville de Paris en combustibles, qui a déterminé les dispositions de l'ordonnance royale de 1672, dont le texte est rapporté ci-dessus; et l'on voit que les intérêts des particuliers ont dû céder à cette nécessité. L'ordonnance ne parle point des indemnités qui furent sans doute accordées aux seigneurs propriétaires des cours d'eau auxquels est applicable la susdite ordonnance, parce qu'elle n'a point pour objet l'organisation, mais le réglement du service du flottage. Comme il avait lieu depuis près d'un siècle, ces indemnités durent être payées dans le principe. (Voir la note de la page 22.)

On se tromperait, au reste, en supposant que ces cours d'eau ont été dès-lors rangés au nombre des dépendances du domaine public. S'il en eût été ainsi, l'ordonnance de 1672 aurait simplement rappelé les dispositions des articles 45 et 46, au titre 27 de l'ordonnance de 1669. (Voir ces articles, pages 4 et 5.) Les termes dans lesquels est conçue la rédaction des articles dont le texte est rapporté ci-dessus, indiquent au contraire que le législateur n'a point cessé de considérer lesdits cours d'eau comme susceptibles d'une propriété privée. Il suffit, pour justifier cette assertion, d'appeler l'attention du lecteur sur les expressions que

seigneurs intéressés par publications qui seront faites

---

renferme l'article 3 : *Les seigneurs ou autres ayant droit sur les rivières*, etc.

Il faut avouer néanmoins que le Gouvernement a quelquefois élevé des prétentions contraires à cette interprétation. Elles sont exprimées dans un arrêté du directoire exécutif, du 2 janvier 1797 (13 nivôse an 13), dont nous insérerons ici le texte, qui ne se trouve point au bulletin des lois, et que ne rapportent point en entier les ouvrages publiés récemment, qui traitent de la police des eaux ou des chemins de hallage.

« Article 1er. Les lois et réglements de police sur le fait de la navigation et chemins de hallage seront exécutés selon leur forme et teneur. »

» Art. 2. Seront, tous propriétaires d'héritages aboutissant aux rivières navigables, tenus de laisser le long des bords, vingt-quatre pieds pour le trait des chevaux, sans pouvoir planter arbres, tenir clôture, ni ouvrir fossés plus près du bord que de trente pieds. En cas de contravention, seront les fossés comblés, les arbres arrachés, et les murs démolis aux frais des contrevenants, sans préjudice des réparations ou dommages qu'ils peuvent avoir occasionné par leurs entreprises. »

» Art. 3. Seront également tenus tous propriétaires d'héritages aboutissant aux rivières et ruisseaux flottables à bûches perdues, de laisser le long des bords quatre pieds pour le passage des employés à la conduite des flots, sous les peines portées en l'article 2. »

» Art. 4. Toutes les rivières navigables et *les ruisseaux servant au flottage des bois destinés à l'approvisionnement de Paris, étant propriétés nationales*, nul ne peut en détourner l'eau ni en altérer le cours par fossés, tranchées, canaux ou autrement. En cas de contravention, seront les ouvrages détruits réellement et de fait, et les localités réparées aux

dix jours avant que de jeter lesdits bois, *aux prônes*

---

frais des contrevenants, sans préjudice des dommages résultant des pertes occasionnées par leurs entreprises. »

» Art. 5. Ne sera loisible de tirer ou faire tirer sable, ou autres matériaux, à six toises près du rivage des rivières navigables. »

Cet acte, dont les articles 2 et 3 reproduisent textuellement en quelque sorte l'une des dispositions de l'article 7 du titre 28 de l'ordonnance de 1669, l'autre, celles de l'article 7 du chapitre 17 de l'ordonnance de 1672, semble bien évidemment proclamer le droit de propriété de l'Etat sur les cours d'eau flottables *à bûches perdues*, et des décisions ministérielles (voir la note, page 40) avaient fait l'application de cette doctrine. On est révenu depuis à des idées plus équitables sur le droit de propriété.

En conférant le texte du titre 27 de l'ordonnance de 1669, avec celui du chapitre 17 de l'ordonnance de 1672; en considérant que l'arrêt du 9 novembre 1694, intervenu par conséquent postérieurement à cette dernière, n'assimile aux rivières navigables que celles qui portent *radeaux*, on a reconnu qu'il fallait distinguer deux espèces de cours d'eau flottables, savoir :

1° Les cours d'eau flottables à *trains* ou *radeaux*, sur lesquels le flottage peut avoir lieu en tout temps, dont l'entretien est à la charge du Gouvernement, et auxquels s'applique l'article 538 du Code civil;

2° Les cours d'eau flottables à *bûches perdues*, sur lesquels le flottage n'a lieu qu'en certaines saisons de l'année, et ne constitue qu'une servitude que sont obligés de souffrir les propriétaires riverains.

C'est sur cette cette distinction qu'est fondé un avis du conseil d'état, du 21 février 1822, qui a décidé la question dont il s'agit, et dont le texte est rapporté en l'article 1er de

des messes (1) de paroisses étant depuis le lieu où les bois seront jetés, jusqu'à celui de l'arrêt, et à la charge de dédommager les propriétaires des dégradations, si aucunes étaient faites aux ouvrages et édifices construits sur lesdits ruisseaux (2).

---

la section 2, chapitre 2, titre 2 de cet ouvrage. On conçoit, au reste, qu'en admettant la jurisprudence qui paraîtrait résulter de l'article 3 de l'arrêté du 2 janvier 1797 (13 nivôse an 5), tous les cours d'eau, ou peu s'en faut, seraient placés dans la dépendance du domaine public. Il n'en est guère, en effet, où le flottage à bûches perdues ne puisse avoir lieu.

Deux arrêts du conseil, rendus en conséquence de l'ordonnance de 1672, l'un sous la date du 6 octobre 1722, l'autre sous celle du 10 mai 1723, avaient prescrit aux propriétaires des usines situées sur la Seine, depuis le village de *Bligny*, en descendant jusqu'au village de *Marcilly*, au-dessous de *Troyes*, de porter leurs vannes ou pertuits à la largeur de vingt-quatre pieds, de déplacer et replacer en lieux plus commodes ceux qui seraient établis dans des endroits préjudiciables ou peu propres au flottage, etc., etc... Un troisième arrêt, du 20 juillet 1723, attribue aux intendants de Bourgogne et de Champagne, ou à leurs subdélégués, la connaissance des contestations auxquelles pourraient donner lieu les précédents.

(1) Ces publications ne doivent plus avoir lieu aux prônes; c'est l'autorité municipale qui est chargée de les faire par les moyens ordinaires. (Déclaration du Roi, du 16 décembre 1698; loi du 8 avril 1803 – 18 germinal an 11, article 54.)

(2) Consulter la note correspondante à la loi du 28 juillet 1824, page 22.

8. Pourront aussi, les marchands de bois, les faire passer par les étangs et fossés appartenant aux *gentilshommes* et autres, lesquels seront tenus à cet effet de faire faire ouverture de leurs basses-cours et parcs aux ouvriers préposés par lesdits marchands, à charge de dédommager lesdits propriétaires, s'il y échet.

9. Sera loisible auxdits marchands de faire pêcher par telles personnes que bon leur semblera, les bois de leur flot qui auront été à fond d'eau, pendant quarante jours, après que ledit flot sera passé; et si, durant lesdits quarante jours, autres marchands jettent un autre flot, lesdits quarante jours ne commenceront de courir que du jour que le dernier flot sera entièrement passé; et ne pourront ceux qui se prétendent *seigneurs* des rivières et ruisseaux se faire payer aucune chose, sous prétexte de dédommagement de la pêche ou autrement, pour raison desdits bois-canards.

10. Si les marchands sont négligents de faire pêcher lesdits bois-canards durant les quarante jours, les *seigneurs*, ou autres ayant droit sur les rivières, le pourront faire après lesdits quarante jours, à la charge toutefois de laisser lesdits bois sur les bords desdites rivières, pour les frais de laquelle pêche et occupation des terres, leur sera payé par les marchands à qui les bois se trouveront appartenir, ce qui sera arbitré par gens à ce connaissant, dont les parties conviendront, eu égard aux lieux et revenus de l'héritage, et au temps de l'occupation. Fait défense auxdits *seigneurs* et autres, de faire enlever en leurs châteaux et maisons lesdits bois, à peine d'être déchus de tout

remboursement pour ladite pêche, et de restitution du quadruple du prix desdits bois qu'ils auront ainsi enlevés, dont lesdits marchands pourront faire faire recherche.

11. Pour prévenir les contestations fréquentes d'entre les marchands et les *seigneurs*, et autres propriétaires des moulins, vannes, écluses et pertuits établis et construits sur lesdites rivières et ruisseaux, pour prétendues dégradations causées par le passage des bois, seront lesdits marchands tenus, avant que de jeter leur flot, de faire visiter, par le premier juge ou sergent, sur ce requis, partie présente, ou dûment appelée aux domiciles de leurs meuniers, lesdites vannes, écluses, pertuits et moulins, et de faire faire le récollement de ladite visite après le flot passé, par le même juge ou sergent; à peine d'être tenus de toutes les dégradations qui se trouveront auxdites vannes, écluses, moulins et pertuits.

12. Si, par la visite faite avant le flot, il paraît qu'il y ait aucune réparation à faire auxdites vannes, écluses, pertuits et moulins, les propriétaires seront tenus de les faire incessamment rétablir, après une simple sommation faite auxdits propriétaires, à leurs personnes ou domiciles de leurs meuniers, sinon permis auxdits marchands d'y mettre ouvriers et d'avancer, pour ce, les deniers nécessaires qui leur seront déduits et précomptés sur ce qu'ils pourront devoir pour le chômage desdits moulins, causé par le passage de leurs bois, et le surplus sera porté par lesdits propriétaires et pris par préférence sur le revenu des

moulins, qui demeura par privilége affecté auxdites avances (1).

13. Quand aucuns moulins construits par titres authentiques (2) sur les ruisseaux et rivières flottables

---

(1) Les contestations auxquelles pouvaient donner lieu l'exécution des articles 10, 11 et 12, étaient de la compétence des maîtrises, aux termes des articles 3 et 14 du titre 1er de l'ordonnance de 1669. Elles rentrent aujourd'hui dans les attributions de l'autorité administrative. (Voir les notes correspondant aux pages 5 et 22.)

(2) Ces expressions *construits par titres authentiques* ne signifient autre chose, sinon que les moulins situés sur les ruisseaux flottables à bûches perdues ne pouvaient avoir d'existence légale qui autorisât les propriétaires à réclamer une indemnité en cas de chômage, qu'autant qu'ils auraient été construits en vertu de concessions des seigneurs qui avaient la propriété et la police desdits cours d'eau. On n'en saurait donc tirer aucun argument pour soutenir l'opinion que lesdits ruisseaux doivent être considérés comme une dépendance du domaine public.

Indépendamment des rétributions à payer aux meuniers, en raison du chômage de leurs moulins, l'établissement du flottage sur un cours d'eau donnait lieu à des indemnités, soit envers les propriétaires riverains, soit envers ceux qui étaient soumis à faire ou entretenir certains ouvrages nécessaires pour cet établissement. On en trouve la preuve,

1° Dans un réglement arrêté en conseil, sous la date du 16 septembre 1754, et dont le titre 8, concernant le flottage des bois de la maîtrise particulière de *Quillan*, sur la rivière d'*Aude*, oblige les propriétaires de moulins à construire un ratelier au-devant de ces usines, pour arrêter lesdits bois, et fixe entre *quinze* et *quarante-huit* francs l'indemnité représentative des frais de cette construction;

tournant et travaillant actuellement, chômeront au sujet du passage des bois flottés, sera payé pour le

---

2° Dans un arrêt du conseil, du 10 avril 1784, qui ordonne la confection d'un canal depuis les étangs de *Baye* jusqu'à *Châtillon-en-Bazois*, sur la rivière d'*Aaron*, et l'ouverture d'un ruisseau de flottage pour conduire les bois à *Paris*; et qui porte que les propriétaires des terrains pris, soit pour l'ouverture dudit ruisseau, soit pour l'établissement du marche-pied, ou des eaux destinées à son entretien, seront indemnisés sur estimation, à dire d'experts;

3° Dans un arrêt du conseil, du 7 août 1784, qui ordonne l'établissement d'un canal depuis l'étang de la *Besnette* jusqu'à la jonction des rivières d'*Avre* et d'*Eure*, pour le flottage des bois de la forêt de *Senonches* et autres circonvoisines, soit à bûches perdues dans la partie supérieure, soit en travées dans les parties inférieures, et qui consacre d'ailleurs, comme le précédent arrêt, les principes de l'indemnité due aux propriétaires riverains.

Souvent les eaux des ruisseaux d'une contrée sont insuffisantes pour le flottage, et il devient nécessaire d'en augmenter le volume; les propriétaires d'étangs placés à proximité peuvent être tenus, mais toujours à charge d'indemnité, d'ouvrir ces réservoirs au profit desdits ruisseaux. On citera entr'autres actes qui imposent cette obligation, un arrêt du conseil, du 20 décembre 1723, concernant les propriétaires d'étangs situés dans le *Morvan*, et qui porte que les prévôts des marchands et échevins de la ville de Paris régleront ce qui peut être dû auxdits propriétaires pour l'achat et dédommagement des eaux qu'ils auront dû fournir par provision et sur la première réquisition des marchands de bois flottés destinés à l'approvisionnement de la capitale.

On trouvera au chapitre 1er du titre 3, le texte de quelques arrêts concernant le flottage à bûches perdues.

chômage d'un moulin pendant vingt-quatre heures, de quelque nombre de roues que le corps du moulin soit composé, la somme de *quarante* sous (1), si ce n'est que les marchands ne soient en possession, de payer moindre somme auxdits propriétaires desdits moulins; auquel cas, sera payé suivant l'usage ancien : défense auxdits meuniers de se faire payer aucune autre somme, si ce n'était pour leur travail particulier, et dont ils seront convenus de gré à gré avec les marchands ou leurs facteurs.

Section II.

Pêche.

Extrait de l'Ordonnance de 1669.

Titre 25, article 17. La part des habitants en la pêche sera donnée par adjudication, en *l'audience à tenir les plaids*, par le *juge des lieux*, *en présence du procureur d'office et du syndic de la paroisse*, au plus offrant et dernier enchérisseur, sans frais ni droits, après publications aux *prônes* (2) *des messes paroissiales* des deux dimanches précédents, et aux deux marchés publics, pour être le prix de l'adjudication employé aux réparations de l'église et autres dont les habitants peuvent être tenus, ou aux nécessités plus pressantes de la communauté.

18. Défendons à tous particuliers, habitants, autres que les adjudicataires, qui ne pourront être que deux en chacune paroisse, de pêcher en aucune sorte, même

---

(1) Voir la loi du 28 juillet 1824, page 21.

(2) Voir la note de la page 49.

à la ligne (1), à la main ou au panier, ès-eaux, rivières, étangs, fossés, marais et pêcheries communes (2), nonobstant toutes coutumes et possessions contraires;

---

(1) Cet article et le suivant avaient pour objet d'empêcher que l'exercice abusif de la pêche, dans les cours d'eau appartenant aux communautés, ne conduisît insensiblement au dépeuplement des grandes rivières. Ils doivent donc toujours, sous ce rapport, être considérés comme en vigueur, ainsi que les articles du titre 31 de la même ordonnance, cités pages 7, 8, 9 et 10. On doit dire à la vérité que les dispositions qu'ils renferment sont pour ainsi dire partout tombées dans l'oubli; mais nous pensons qu'il suffirait d'un simple acte administratif, pour les faire revivre dans chaque département, abstraction faite de celles auxquelles il est absolument dérogé par les lois et réglements concernant l'administration communale. Ainsi l'adjudication du droit de pêche aurait lieu maintenant en présence du maire, assisté d'un membre du conseil municipal.

(2) L'article 1er du titre 31 de l'ordonnance de 1669 défend *de pêcher sur fleuves et rivières navigables*. (Voyez page 5.) Une note correspondante audit article dans le Commentaire de l'ordonnance, imprimé à Paris en 1772, est ainsi conçue :

« Il ne paraît pas que cette défense doive être étendue à la pêche à la ligne, que plusieurs auteurs disent être permise à tout le monde dans les rivières navigables. (Voyez *Faber*, *Lebret*, *Salvaing et Bouhier*.) ».

» *Denisart*, au mot *pêche*, rapporte néanmoins un jugement rendu au souverain, en la table de marbre de Dijon, le 30 avril 1749, par lequel un particulier a été condamné en l'amende pour avoir pêché à la ligne dans une rivière bannale. »

à peine de trente livres d'amende et un mois de prison pour la première, et de cent livres d'amende, *avec bannissement de la paroisse*, en récidive.

La question a été tranchée par l'article 14 de la loi du 4 mai 1802 -- 14 floréal an 11 (voyez page 40); mais cette loi ne s'applique qu'aux rivières navigables. Ainsi la défense, explicitement exprimée ci-dessus, de pêcher à la ligne dans les eaux et rivières appartenant aux communes, subsiste dans toute sa force.

CHAPITRE DEUXIÈME.

LÉGISLATION NOUVELLE.

SECTION 1.

USAGE ET POLICE DES EAUX.

ARTICLE 1. — Lois et Actes du Gouvernement.

Extrait de la Loi du 22 *décembre* 1789 - *janvier* 1790.

Section 3, article 2. Les administrations de département sont chargées, sous l'autorité et l'inspection du Roi, comme chef suprême de l'administration générale du royaume, de veiller...... à la conservation des..... rivières et autres choses communes (1).

---

(1) La conservation des rivières et cours d'eau, et l'on peut ajouter, le maintien de leur régime rentrent donc exclusivement dans le domaine de l'administration. En rapprochant du texte de l'article 2 ci-dessus, celui de l'article 8 de la même section, et celui du paragraphe correspondant de l'instruction qui fait suite à la loi du 22 décembre 1789-janvier 1790, on remarquera que tous les actes qui auraient pour résultat de changer le régime des eaux d'une rivière ne sauraient être mis à exécution que sous l'approbation spéciale du chef du gouvernement; mais il semble que cela ne doive s'entendre que de changements notables qui seraient de nature à exercer quelqu'influence sur une certaine étendue de territoire. Peut-on exciper du rapprochement de ces

Extrait de l'Instruction concernant les fonctions des Assemblées administratives, publiée le 12-20 août 1790.

Chapitre 6. Les administrations de département doivent rechercher et indiquer les moyens de procurer le libre cours des eaux; d'empêcher que les prairies ne soient submergées par la trop grande élévation des écluses des moulins, et par les autres ouvrages d'arts établis sur les rivières; de diriger enfin, autant qu'il sera possible, toutes les eaux de leur territoire vers un but d'utilité générale, d'après les principes de l'irrigation (1).

---

différents textes, pour soutenir que l'établissement d'une usine, d'un barrage, d'un vannage d'irrigation, etc., ne peut avoir lieu qu'en vertu d'une ordonnance royale? Nous pensons qu'une telle interprétation ne s'accorde point avec l'esprit de la loi. (Consulter la note de la page 59.)

(1) Ce paragraphe sert de développement et de commentaire à l'article 2, section 2 de la loi du 22 décembre 1798 -- janvier 1790, dont le texte précède. Il indique expressément que l'usage des eaux courantes est toujours subordonné à l'intérêt général, et qu'elles ne sauraient par conséquent tomber ni en convention ni en prescription absolue. A la vérité, deux riverains peuvent régler entr'eux, par une transaction, le mode selon lequel chacun d'eux jouira des eaux d'une rivière qui borde leurs héritages respectifs. Cette transaction est obligatoire pour l'un et l'autre, et en cas de contestation, c'est aux tribunaux seuls à prononcer; mais elle devient nulle relativement au public, ou, ce qui est la même chose, relativement à l'administration qui le représente, qui en exerce les droits. (*Henrion de Pansay*, Traité de la Compétence des Juges de paix, édition de 1816, page 304.)

Extrait de la Loi du 28 septembre - 6 octobre 1791.

Titre 2, article 15. Personne ne pourra inonder l'héritage de son voisin, ni lui transmettre volontairement les eaux d'une manière nuisible, sous peine de payer le dommage et une amende qui ne pourra excéder la somme du dédommagement.

16. Les propriétaires ou fermiers des moulins et usines construits ou à construire, seront garants de tous dommages que les eaux pourraient causer aux chemins ou aux propriétés voisines, par la trop grande élévation du déversoir ou autrement. Ils seront forcés de tenir les eaux à une hauteur qui ne nuise à personne, et qui sera fixée par le directoire du département, d'après l'avis du directoire de district (1). En

---

(1) On voit que les directoires de département, représentés actuellement par les préfets, avaient qualité pour instituer légalement une usine hydraulique par leur propre décision. Il n'en est plus de même aujourd'hui. La concession d'une chute d'eau, la détermination des ouvrages nécessaires pour l'approprier à une exploitation industrielle, doivent dériver d'un acte émané de l'autorité souveraine. Telle est la jurisprudence qui s'est établie depuis un assez long-temps, et qui se fonde sur un grand nombre de décrets et d'ordonnances royales. (Voyez ci-après, article 2, paragraphe 2.) La tendance du gouvernement à s'emparer d'une attribution que la loi avait départie aux administrations locales, a commencé de se manifester par les instructions publiées pour l'exécution de l'arrêté du 9 mars 1798 (19 ventôse an 6), cité page 11, sous les dates des 10 avril 1798 (21 germinal an 6), 28 janvier 1799 (9 pluviôse an 7), et 7 janvier 1803 (17 nivôse an 11).

cas de contravention, la peine sera une amende qui ne pourra excéder la somme du dédommagement.

Cependant on avait senti que la centralisation avait aussi, sous ce rapport, ses inconvénients : car les auteurs du projet de Code rural, rédigé en 1808, par ordre du gouvernement, avaient proposé, article 64, d'abandonner aux préfets le droit d'autoriser les usines à eau.

La direction générale des ponts et chaussées pousse encore plus loin ses prétentions. A son avis, l'état d'une usine hydraulique ne saurait être changé, le point d'eau restant d'ailleurs le même, sans une nouvelle autorisation obtenue dans les formes ordinaires. Ainsi, par exemple, pour convertir un moulin à blé en filature à coton, il serait encore besoin d'un acte du gouvernement. Nous avons entendu citer, à l'appui de cette opinion, un décret du 17 février 1803 (28 pluviôse an 11), inséré au Bulletin des lois, où on lit ce qui suit : *Considérant que les changements apportes à son moulin, par le citoyen Girardin, n'ont pu avoir lieu sans l'autorisation du gouvernement, ou qu'ils ont été faits en contravention aux lois et réglements sur cette matière*, etc. ; mais de quels changements s'agissait-il dans l'espèce? Avaient-ils pour objet d'altérer le point d'eau, ou seulement de modifier le système extérieur du moulin?

Nous pensons que, du moment où le gouvernement a concédé une chute d'eau et déterminé invariablement sa hauteur, il est loisible au concessionnaire d'approprier cette chute, dans un temps ou dans un autre, à telle exploitation industrielle qu'il juge convenable à ses intérêts, sauf les restrictions résultant du titre 7, section 4 de la loi du 21 avril 1810, sur les mines ; qu'il peut en conséquence, pour remplir ce but, élargir le coursier de son usine, et en relever le saut à proportion, y placer une roue de nouvelles dimensions, chan-

Extrait de l'Arrêté du Gouvernement du 9 mars 1798 (19 ventôse an 6).

Art. 12. Il est défendu aux administrations municipales de consentir à aucun établissement, d'usines écluses,

---

ger l'emplacement de ses vannes, etc., sous la condition de ne point exhausser le niveau de la retenue, et de laisser aux eaux le même débouché. Toutefois l'autorité, chargée de la police des cours d'eau, doit être préalablement avertie de l'intention d'exécuter des travaux de cette nature, afin qu'elle se mette en mesure de vérifier si la condition exprimée ci-dessus se trouve remplie; c'est par le même motif que le riverain d'une route royale ne peut construire sur ses bords, sans s'être mis, auprès de l'administration, en mesure d'obtenir un alignement.

La détermination des ouvrages qui doivent composer le système extérieur d'une usine hydraulique, placée sur un cours d'eau non-navigable ni flottable, et la détermination de son point d'eau, sont proposés par les ingénieurs des ponts et chaussées; en cas de contestations, le conseil général des ponts et chaussées donne son avis, comme s'il s'agissait d'une rivière dépendante du domaine public. L'article 15 du décret du 25 août 1804 (7 fructidor an 12), ne fait aucune distinction à cet égard. (Voyez page 18.)

Lorsque le gouvernement accorde l'autorisation de former un établissement hydraulique sur une rivière non-dépendant du domaine public, l'acte de concession exprime toujours que, *dans aucun temps, ni sous aucun prétexte, le concessionnaire ne pourra prétendre indemnité, chômage ou dédommagement par suite de la destination nouvelle que l'administration publique jugerait convenable de donner aux eaux pour l'avantage de la navigation, du commerce ou de l'in-*

batardeaux, pêcheries, gords, chaussées, plantations d'arbres, filets dormants ou à mailles ferrées, réser-

---

dustrie. Il a été quelquefois objecté qu'une pareille clause était attentoire au droit de propriété : à cette objection on peut opposer les réflexions suivantes :

Les eaux courantes sont une propriété publique, et personne ne peut s'en attribuer privativement la jouissance irrévocable; c'est au gouvernement qu'il appartient d'en régler l'usage et de leur donner telle ou telle appropriation qu'il juge plus convenable à l'intérêt général. Aussi, quand on dit que les rivières navigables ou flottables appartiennent au gouvernement, et les autres aux particuliers dont elles traversent les héritages, cela ne doit s'entendre que du lit desdites rivières, et non des eaux qu'il contient. Les rédacteurs du projet de Code rural, les commissions consultatives auxquelles fut confié l'examen de ce projet, en vertu du décret du 19 mai 1808, ont partagé cette opinion; plusieurs d'entr'elles ont même pensé que le lit des petites rivières devait être considéré comme propriété communale, par analogie avec les chemins vicinaux.

Si donc le gouvernement est le conservateur des eaux courantes, et le dispensateur du mode de jouissance de ces eaux conformément à l'article 2 de la section 3 de la loi du 22 décembre-janvier 1790 (page 57), et à l'article 714 du Code civil (page 71), il est évident qu'il a le droit d'imposer telles conditions qu'il juge à-propos dans l'intérêt public, à celui qu'il autorise à changer le régime habituel d'une rivière, pour retirer de cette innovation un avantage particulier.

Ces réflexions ne sont point en opposition, comme on pourrait le penser au premier abord, avec l'article 645 du Code civil, dont le texte se trouve ci-après. Cet article, en effet, n'a d'autre objet que de régler les droits respectifs d'individu à individu, entre tous les riverains d'une eau

voirs, engins, lavoirs, abreuvoirs, prises d'eau, etc., dans les canaux de desséchement, d'irrigation ou de

---

courante; mais il ne saurait préjudicier à la faculté qu'a toujours le gouvernement de disposer de cette propriété publique pour le plus grand avantage de tous. Il faut avouer toutefois que le principe qu'elles auraient pour but d'ériger ne paraît point en parfaite harmonie avec les articles 64 et 645 du Code civil. Cette partie de notre législation aurait besoin d'être révisée.

Nous terminerons cette note en faisant remarquer que l'article 16 du titre 2 de la loi du 28 septembre — 6 octobre 1791, s'applique indistinctement aux moulins *construits* ou à *construire*, d'où il suivrait que l'autorité administrative a le droit d'ordonner l'abaissement du déversoir d'un *ancien* moulin, qui serait nuisible par l'élévation de sa retenue. Dans ce cas, le propriétaire n'aurait-il point droit à indemnité?

Les rédacteurs du projet de Code rural avaient au contraire proposé de conserver les moulins dont le point d'eau nuirait à autrui, si leur existence était fondée en titres : mais ils voulaient que le propriétaire fût tenu d'*indemniser, à dire d'experts, et de garantir de tous dommages* ceux qui auraient à souffrir de la trop grande élévation des eaux.

Aux termes d'une décision ministérielle, les moulins dont l'existence est fondée en titres, sont ceux qui existaient avant 1790, en vertu de concessions féodales, ou qui, établis sans réclamation des autorités ni des riverains, ont été maintenus en activité pendant une durée suffisante pour acquérir la prescription. (Voyez *Pardessus*, Traité des Servitudes, page 160.) Ce sont ces usines dont l'article 4 de l'arrêté du gouvernement du 9 mars 1798 (19 ventôse an 6), voulait qu'il fût dressé un état séparé (page 14).

navigation appartenants aux communes, sans l'autorisation formelle et préalable des administrations centrales (1).

Loi du 14 mai 1802 (14 floréal an 11).

Article 1er. Il sera pourvu au curage des canaux et rivières non-navigables, à l'entretien des digues et ouvrages d'art qui y correspondent, de la manière prescrite par les anciens réglements, ou d'après les usages locaux.

2. Lorsque l'application des réglements ou l'exécution du mode consacré par l'usage éprouvera des difficultés, ou lorsque des changements survenus exigeront des dispositions nouvelles, il y sera pourvu par le gouvernement dans un réglement d'administration publique, rendu sur la proposition du préfet du département, de manière à ce que la quotité de la contribution de chaque imposé soit toujours relative

---

(1) L'arrêté du 9 mars 1798 (19 ventôse an 6), d'où cet article est extrait, a été rapporté page 11. Les onze premiers articles ne concernent que les rivières navigables ou flottables, et les canaux d'irrigation ou de desséchements généraux qui, à ce titre, dépendent du domaine public : celui-ci étend les mêmes prohibitions, soumet à la même surveillance les canaux placés hors de ce domaine, et l'instruction du 10 avril 1798 (21 germinal an 6) dispose formellement qu'il ne peut être formé d'établissement hydraulique sur ces canaux, sans que les autorisations émanées des administrations centrales aient été sanctionnées par le gouvernement. (Voir le commencement de la note précédente.)

au degré d'intérêt qu'il aura aux travaux qui devront s'effectuer (1).

3. Les rôles de répartition des sommes nécessaires au paiement des travaux d'entretien, réparation ou reconstruction, seront dressés sous la surveillance du préfet, rendus exécutoires par lui, et le recouvrement s'en opérera de la même manière que celui des contributions publiques.

4. Toutes les contestations relatives au recouvrement de ces rôles, aux réclamations des individus im-

---

(1) Lorsqu'une nouvelle usine se trouve établie en un point où le cours de l'eau avait été libre jusqu'alors, on conçoit que le remoux, donnant lieu à des atterrissements successifs dans toute l'étendue où il se fait sentir en amont, rend ainsi nécessaires des curages plus fréquents ou du moins plus considérables qu'auparavant. Cette circonstance aggrave évidemment les charges des propriétaires riverains, et il serait tout-à-fait juste d'insérer dans tous les actes d'administration publique qui ont pour objet des concessions de chutes d'eau, une clause qui imposât aux concessionnaires l'obligation d'opérer ces curages extraordinaires.

Cette condition est exprimée dans une ordonnance royale du 11 mars 1818, portant réglement général sur les cours d'eau dans le département de l'Aisne. On y lit, en effet, ce qui suit, article 9 :

« Les travaux de curage seront faits, sur les rivières non-navigables, par les propriétaires ou fermiers des moulins et usines, dans toute l'étendue du remoux, et en aval jusqu'au point où le cours d'eau reprend son régime ordinaire, *si mieux n'aiment les propriétaires riverains les faire eux-mêmes.* »

posés et à la confection des travaux, seront portées devant le conseil de préfecture, sauf le recours au gouvernement, qui décidera en conseil d'état (1).

Avis du Conseil d'Etat, du 15 *mars* 1803 (24 ventôse an 12).

Les contraventions aux réglements de police sur les rivières non-navigables, canaux et autres petites rivières doivent, selon les dispositions du Code civil et les lois existantes, être portées, suivant leur nature, devant les tribunaux de police municipale ou correctionnelle, et les contestations qui intéressent les propriétaires devant les tribunaux civils (2).

---

(1) La détermination de la largeur et de la profondeur qu'il convient de donner à une rivière rentre dans les attributions de l'administration proprement dite. Le présent article ne saurait donc conférer aux conseils de préfecture la connaissance des réclamations auxquelles cette détermination donnerait lieu : il ne s'applique qu'aux contestations qui auraient pour objet la question de savoir si les travaux ont été exécutés conformément aux projets arrêtés par le préfet.

(2) Cet avis n'a point été inséréré au Bulletin des lois. Il en est seulement fait mention dans le préambule d'un décret du 12 avril 1812, qui se trouve dans ce Recueil (4e série, n° 7903).

En consultant le texte des articles 15 et 16, titre 2 de la loi du 28 septembre -- 6 octobre 1791, et celui de l'article 457 du Code pénal (page 73), on reconnaîtra que les contraventions en matière de police des eaux ne peuvent être l'objet d'une condamnation judiciaire que dans des cas spécialement

Extrait du Code civil. (Promulgation du 10 février 1804 - 20 Pluviôse an 12).

Article 644. Celui dont la propriété borde une eau courante, autre que celle qui est déclarée dépendance

---

déterminés. Il y a donc beaucoup de circonstances où elles doivent demeurer impunies, ce qui rend en quelque sorte illusoire la déclaration exprimée par l'avis du conseil d'état du 15 mars 1803 (24 ventôse an 12). Ainsi l'anticipation commise sur les bords d'un cours d'eau, les encombrements pratiqués dans son lit, les saignées faites à son canal, l'exhaussement d'un déversoir, etc., etc., seraient vainement constatés par procès-verbal et dénoncés aux tribunaux : il n'y aurait lieu à l'application d'aucune peine, s'il n'en est pas immédiatement résulté dommage pour autrui ou inondation d'un chemin public. (Consulter entr'autres un arrêt de la cour de cassation, du 29 juin 1813.)

Cette lacune de notre législation est un motif de plus pour que l'autorité administrative veille très-attentivement à ce que tout individu autorisé à changer le régime ordinaire des eaux le long de sa rive, se conforme rigoureusement aux conditions de l'autorisation qu'il a obtenue. S'il s'en écarte, elle doit faire exécuter à ses frais les travaux qu'il aurait négligés ou prohiber l'usage de ceux qu'il aurait indûment entrepris. Ce n'est point par voie répressive qu'elle agit en pareille circonstance ; elle ne fait que prescrire, dans le cercle de ses attributions, les mesures de précaution qui lui paraissent nécessaires. (Consulter le paragraphe 6 de l'article 2 de ce chapitre).

Au reste, lorsqu'un réglement particulier à un cours d'eau a déterminé des peines relatives aux diverses contraventions, les tribunaux doivent en faire l'application, conformément à l'article 484 du Code pénal.

du domaine public, par l'article 538, peut s'en servir à son passage pour l'irrigation de ses propriétés.

Celui dont cette eau traverse l'héritage peut même en user dans l'intervalle qu'elle y parcourt; mais à la charge de la rendre, à la sortie de ses fonds, à son cours ordinaire (1).

---

(1) Il ne s'agit ici que des eaux courantes, et qui sont devenues d'un usage public; ce sont les seules dont nous ayons eu pour but de nous occuper dans cet Ouvrage. Toutefois il convient de placer ici quelques observations relatives aux eaux de sources.

Leur emploi est régi par les articles suivants du Code civil :

« Article 641. Celui qui a une source dans son fonds peut en user à sa volonté, sauf le droit que le propriétaire du fonds inférieur pourrait avoir acquis par prescription ou autrement. »

« Art. 642. La prescription, dans ce cas, ne peut s'acquérir que par une jouissance non-interrompue pendant l'espace de trente années, à compter du moment où le propriétaire du fonds inférieur a fait et terminé des ouvrages apparents destinés à faciliter la chute et le cours de l'eau dans sa propriété. »

« Art. 643. Le propriétaire de la source ne peut en changer le cours, lorsqu'il fournit aux habitants d'une commune, village ou hameau, l'eau qui leur est nécessaire; mais si les habitants n'en ont pas acquis ou prescrit l'usage, le propriétaire peut réclamer une indemnité, laquelle est réglée par experts. »

On voit que notre législation, d'accord en cela, soit avec le droit romain, soit avec l'ancienne jurisprudence

Article 645. S'il s'élève une contestation entre les propriétaires auxquels ces eaux peuvent être utiles, les tribunaux, en prononçant, doivent concilier l'inté-

---

(voir une note placée au commencement du chapitre 1er, titre 3), considère les eaux de sources comme faisant partie intégrante du fonds où elles naissent : il suit de là que le propriétaire peut en disposer à son gré, leur donner une direction nouvelle, les retenir dans des bassins, citernes ou réservoirs, et même les faire disparaître par des voies souterraines, à moins que quelque voisin n'ait acquis le droit de restreindre cette excessive faculté. Un seul cas est prévu, où le propriétaire d'une source ne saurait en user ainsi; c'est celui que détermine l'article 643 ci-dessus.

S'il est permis au propriétaire d'une source d'en détourner arbitrairement les eaux, de leur faire suivre un nouveau cours, de les absorber en totalité ou en partie, il peut à son gré altérer le volume d'une rivière ou d'un bras de rivière qu'elles viennent grossir depuis un temps plus ou moins éloigné. Un arrêt a été rendu dans ce sens, par la cour royale de Rouen, sous la date du 4 février 1824, et l'on ne saurait nier qu'il ne soit fondé en principe sur l'article 641 du Code civil; mais comment concilier cet article et ses conséquences avec la doctrine généralement reconnue, qui attribue à l'administration publique le soin de conserver, de dispenser et d'approprier les eaux aux exploitations agricoles et industrielles qui occupent une place plus ou moins importante dans la masse des intérêts généraux? Ne serait-il pas à craindre aussi qu'en certains cas la navigation ou le flottage ne fussent interrompus, si plusieurs propriétaires s'avisaient d'user d'une faculté qui paraît incompatible avec le véritable esprit de notre législation ?

Il semblerait donc nécessaire de la reviser en cette matière, d'autant plus que, depuis la publication du Code

rêt de l'agriculture avec le respect dû à la propriété ; et dans tous les cas, les réglements particuliers et locaux sur le cours et l'usage des eaux doivent être observés (1).

---

civil, le développement de l'industrie a donné aux eaux, dans plusieurs départements du royaume, une importance jusqu'alors ignorée. Si cette revision avait lieu, il serait bon de consulter les opinions exprimées relativement aux sections 1, 2, 3 et 4 du chapitre 3 du projet de Code rural, par plusieurs des commissions instituées conformément au décret du 19 mai 1808, pour l'examen de ce projet. Nous indiquerons entr'autres celles des commissions d'*Amiens*, *Bordeaux*, *Colmar*, *Grenoble* et *Paris*.

(1) Il serait fort à désirer, surtout dans les pays où l'usage des eaux est d'une haute importance, soit sous le rapport des irrigations, soit sous celui des exploitations industrielles, que chaque cours d'eau fût soumis à un réglement particulier qui en déterminât l'emploi, selon les besoins des localités qu'il traverse. On préviendrait ainsi une foule de difficultés sans cesse renaissantes entre tous les riverains. C'est à l'autorité administrative qu'il appartient de proposer au gouvernement les bases des réglements de cette nature, après quoi ils deviennent l'objet d'une ordonnance royale.

On trouvera ci-après, titre 3, chapitre 2, section 2, plusieurs réglements propres à certaines rivières du département de la Seine-Inférieure. Il sera bon d'en faire l'étude, afin de bien apprécier les dispositions réglementaires qui peuvent être adoptées, en raison des circonstances locales, pour régler l'usage d'un cours d'eau.

Nous n'entendons point parler ici des réglements qui soumettent un cours d'eau à des dispositions analogues à celles de l'ordonnance royale de 1672 (voyez page 44), concernant

Extrait du Code civil. (Promulgation du 19 avril 1803 - 29 germinal an 11.)

Article 714. Il est des choses qui n'appartiennent à personne, et dont l'usage est commun à tous.

Des lois de police règlent la manière d'en jouir (1).

Extrait du Code de procédure civile. (Promulgation du 24 avril 1806).

Article 3. Le juge de paix de la situation des lieux connaîtra des entreprises sur les cours d'eau commises dans l'année (2).

---

le flottage à bûches perdues. Ceux-ci ont pour objet l'utilité *générale ;* les autres l'utilité *locale* seulement. (Voir ci-après le décret du 14 janvier 1810, page 74, et la note y relative.)

(1) Consulter les notes placées au bas des pages 57, 58, 59, 60, 61, 62, 63, 64, 65 et 66.

(2) Le paragraphe 3 de l'article 10, titre 3 de la loi du 16 -- 24 août 1790, porte : Le juge de paix connaîtra..... des entreprises sur les cours d'eau *servant à l'arrosement des prés*, commises dans l'année. La rédaction de l'article 3 du Code de procédure est plus précise en ce qu'elle détermine la juridiction. D'un autre côté, elle comprend toutes les entreprises faites sur un cours d'eau au préjudice des riverains inférieurs ou supérieurs, tandis que la loi du 16 -- 24 août 1790, semblait n'avoir eu en vue que celles qui auraient pour résultat de nuire à autrui, sous le rapport de l'irrigation.

Extrait de la Loi du 16 septembre 1807.

Article 33. Lorsqu'il s'agira de construire des digues..... contre les fleuves, rivières et torrents navigables ou non-navigables, la nécessité en sera constatée par le gouvernement, et la dépense supportée par les propriétés protégées, dans la proportion de leur intérêt aux travaux, sauf les cas où le gouvernement croirait utile et juste d'accorder des secours sur les fonds publics (1).

---

(1) La part contributive des divers propriétaires intéressés aux travaux mentionnés dans le présent article, est fixée par une commission spéciale dont les membres sont nommés par le Roi. (Article 44 de la loi.) Cette commission détermine la valeur des propriétés avant et après l'exécution des travaux, et la plus value qu'elles acquièrent.

Lorsque les travaux ont pour objet la construction d'une digue, le long d'un fleuve ou d'une rivière navigable, il convient, aux termes d'un arrêt du conseil d'état, dont nous n'avons pu nous procurer la date, mais dont il est fait mention dans une lettre émanée de la direction générale des ponts et chaussées, sous la date du 24 février 1818, de communiquer préalablement le projet desdits travaux à une commission composée du doyen du conseil de préfecture, de deux membres du conseil général, choisis par le préfet, de l'ingénieur en chef des ponts et chaussées, du directeur des contributions directes, des maires des communes intéressées, et de deux délégués des propriétaires riverains. Cette commission doit émettre son avis,

1° Sur l'utilité réelle des travaux, considérés comme devant protéger les propriétés riveraines, abstraction faite de leur utilité pour le service de la navigation;

34. Lorsqu'il y aura lieu de pourvoir aux dépenses d'entretien et de réparation des mêmes travaux, au curage des canaux qui sont en même-temps de navigation et de dessèchement, il sera fait des réglements d'administration publique, qui fixeront la part contributive du gouvernement et des propriétaires. Il en sera de même lorsqu'il s'agira de levées, de barrages, de pertuis, d'écluses auxquels des propriétaires de moulins ou d'usines seraient intéressés (1).

Extrait du Code pénal. (Promulgation du 1er mars 1810.)

Article 457. Seront punis d'une amende qui ne pourra excéder le quart des restitutions, et des dommages et intérêts, ni être au-dessous de 50 francs, les propriétaires ou fermiers, ou toute personne jouissant de mou-

---

2° Sur la proportion, selon laquelle il paraît juste que la dépense soit supportée par les propriétaires et communes intéressées, et par le gouvernement.

Il est facile de remplir les formalités préalables ci-dessus indiquées, lorsque le temps permet de méditer les projets des travaux à exécuter ; mais en cas de rupture d'une digue, ou dans toute autre circonstance analogue, il faut, avant tout, s'occuper de remédier au désastre, sauf à s'occuper ensuite de la répartition des dépenses. L'autorité administrative agit alors en vertu du paragraphe 5 de l'article 3, titre 11 de la loi du 16-24 août 1790, sauf à régulariser ultérieurement les mesures d'urgence qu'elle a prescrites.

(1) On voit que les dispositions de cet article rentrent en grande partie dans celles de la loi du 14 mai 1802 (14 floréal an 11), dont le texte est rapporté page 64.

lins, usines ou étangs, qui, par l'élévation du déversoir de leurs eaux, au-dessus de la hauteur déterminée par l'autorité compétente, auront inondé les chemins ou les propriétés d'autrui (1).

Décret du 14 janvier 1810.

Vu la demande du sieur Dupuychaut, tendant à obtenir l'autorisation d'exécuter sur les trois rivières de Vergenette, Venise et Tarde, les travaux nécessaires pour les rendre flottables à bûches perdues, et favoriser l'exploitation de la forêt de Favaux ;

Vu les rapports des ingénieurs et l'avis du conseil des ponts et chaussées, favorables à cette demande ;

Vu l'arrêté du préfet du département de la Creuze, en date du 22 mai 1812;

Notre conseil d'état entendu, nous avons arrêté et arrêtons ce qui suit :

Article 1. Les rivières de Vergenette, Venise et Tarde, depuis Venège jusqu'au confluent du Tarde, dans le Cher, sont déclarées flottables à bûches perdues, en réduisant chaque bûche à la longueur de vingt-trois décimètres, et seulement depuis le 1er novembre jusqu'au 31 mars de chaque année.

En conséquence, le sieur Dupuychaut est autorisé à se servir du cours desdites rivières pour le transport du bois qu'il fait exploiter dans la forêt de Favaux, à la charge par lui d'indemniser les propriétaires riverains des préjudices et dommages qu'ils pourraient

---

(1) Voir l'article 16, titre 2 de la loi du 28 septembre -- 6 octobre 1791, et la note correspondante, page 59).

éprouver, soit par l'encombrement et le flottage de ses bois, soit par l'établissement du marche-pied de hallage, soit enfin par tout autre motif provenant du fait du sieur Dupuychaut.

2. Les propriétaires ou fermiers des moulins établis sur le cours desdites rivières, seront tenus de favoriser le flottage des bois confiés à leurs courants, en faisant chômer leurs moulins pendant tout le temps que le flottage aura lieu, à la charge par le sieur Dupuychaut, ou autres, qui pourraient causer le chômage, d'en indemniser les meûniers (1).

---

(1) Ce décret a été rendu dans un cas particulier, et n'établit point par conséquent des règles aussi générales que celles qui résultent de l'ordonnance de 1672 (page 44), concernant le flottage à bûches perdues. Toutefois, nous avons cru devoir en citer le texte pour indiquer les principes d'après lesquels est régi, sous l'empire de la législation nouvelle, l'établissement de cette espèce de flottage. L'ordonnance de 1672 n'est, en quelque sorte, que le développement de l'article 52, titre 15 de celle de 1669. Tous les cours d'eau qu'elle embrassait doivent continuer d'être soumis, ainsi que les propriétés riveraines, aux servitudes qu'elle a déterminées, sauf la modification résultant de la loi du 28 juillet 1824 (page 21); quant à ceux auxquels ne s'appliquait point, soit cette ordonnance, soit un réglement particulier analogue (voir la note de la page 52), ils peuvent sans doute être déclarés flottables à bûches perdues, si l'utilité publique le requiert, mais sous la condition de l'accomplissement des formalités prescrites par nos lois actuelles, plus tutélaires pour la propriété privée.

Il est arrivé quelquefois que les anciens réglements concernant le flottage à bûches perdues, ayant dû être modifiés

Article 2. – Jurisprudence du Conseil d'État.

§. 1er

Réglements.

1. Il entre dans les attributions des préfets de faire des réglements concernant le régime et la police des eaux des rivières non-navigables ni flottables; ces sortes de réglements ne peuvent être attaqués par voie

---

à certains égards, des actes du gouvernement, d'une date plus ou moins récente, ont été publiés sur cet objet. Nous citerons entr'autres, 1° un décret du 15 juin 1804 (25 prairial an 12), concernant la rivière d'Yonne, divisée en deux parties, savoir : l'Yonne navigable de *Lucy* jusqu'à *Montereau*, et l'Yonne flottable de *Lucy* jusqu'aux ruisseaux du *Morvan;* 2° un décret du 25 janvier 1807, concernant le flottage des bois dans la vallée de *Neustadt.* Les dispositions de ce décret, qui est fort important à consulter, sont classées en différents titres, intitulés *de l'Ordre et de la Police du Flottage, de la Conservation et du Curement des Canaux, des Droits de Flottage et de leur Comptabilité.* On voit par-là que ce décret constitue un corps complet de réglement.

Le décret du 15 juin 1804, dont nous venons de faire mention, met à la charge du commerce et des usines les constructions et réparations qui doivent avoir lieu sur l'Yonne, dans l'intérêt du flottage, et attribue au ministre de l'intérieur la connaissance des contestations y relatives. (Consulter la note de la page 22.) Au reste, il s'est élevé depuis long-temps des réclamations contre les dispositions de ce décret : elles ont fait l'objet d'une pétition présentée à la Chambre des Députés dans le cours de la dernière session, et qui a donné lieu à une assez longue discussion.

contentieuse : ils doivent être déférés au ministre. [Ordonnances royales des 8 mai et 14 août 1822 ; 16 avril et 18 juin 1823 ; 18 février et 7 avril 1824 ; 2 février et 22 juin 1825. -- *Macarel*, Recueil des Arrêts du Conseil, tome 3, page 399 ; tome 4, page 190 ; tome 5, pages 264 et 443 ; tome 6, pages 119 et 208 ; tome 7, pages 55 et 313.] (1)

---

(1) Ceux qui prétendent qu'au gouvernement seul appartient le droit de réglementer, soutiennent que les ordonnances royales indiquées ci-dessus doivent être entendues en ce sens que les préfets sont compétents pour *préparer seulement* les bases des réglements concernant les rivières non-navigables ni flottables ; mais rien dans le texte desdites ordonnances ne justifie une semblable distinction ; et, puisque les préfets ont succédé aux administrations de département, il semble qu'ils soient suffisamment autorisés en vertu de l'instruction publiée en forme de loi, sous la date des 12-20 août 1790, à arrêter définitivement toutes les dispositions propres à l'amelioration des cours d'eau de leurs départements respectifs.

A l'appui de ce raisonnement, on fera remarquer que les réclamations élevées contre de semblables réglements devant être portées au ministre avant d'être introduites au conseil d'état par la voie contentieuse, c'est priver les administrés d'un degré de juridiction, que d'admettre une doctrine qui paraît restreindre à ce point les attributions des préfets.

Il faut avouer toutefois qu'il existe quelques actes du gouvernement qui semblent consacrer cette doctrine. Nous citerons entr'autres une ordonnance royale du 14 août 1822. (*Macarel*, Recueil des Arrêts du Conseil, tome 4, page 195), qui porte que les arrêtés réglementaires des préfets, en matière de cours d'eau non-navigables ni flottables, doivent

2. Il leur appartient aussi de statuer sur les réclamations élevées devant eux contre lesdits réglements ou d'en interpréter les dispositions. (Ordonnances royales des 20 février 1822 et 22 juin 1825. -- *Macarel*, Recueil des arrêts du Conseil, tome 3, page 140; tome 7, page 313.)

3. Lorsque l'autorité administrative a fait un réglement concernant une rivière non-navigable, ni flottable, elle ne saurait y apporter de changements dans un intérêt purement privé. (Ordonnance royale du 30 mai 1821. *Macarel*, Recueil des Arrêts du Conseil, tome 1, page 602.) (1)

4. La demande d'un réglement d'eau supplémentaire à celui qu'a déjà déterminé une ordonnance royale doit être formée par voie administrative, et non par voie contentieuse, ou, en d'autres termes, l'impétrant doit s'adresser au ministre et non se pourvoir au conseil d'état. (Ordonnance royale du 31 octobre 1821. --*Macarel*, Recueil des arrêts du Conseil, tome 2, page 418.)

5. Les titres privés par lesquels des particuliers se seraient interdit la faculté de changer la direction d'un cours d'eau qui coule le long de leurs héritages, les juge-

---

être soumis à l'approbation de l'autorité supérieure. Il sera bon de consulter aussi le texte de l'ordonnance royale du 18 juin 1823, mentionnée au n° 1 du présent paragraphe.

(1) Le principe que consacre cette ordonnance est extrêmement juste; il paraîtrait qu'on l'a perdu de vue dans une autre ordonnance du 29 août 1821, insérée au même Recueil, tome 2, page 295.

ments qui seraient intervenus en vertu de ces titres, ne mettent point obstacle à ce que l'administration fasse, s'il en est besoin, dans l'intérêt commun des habitants ou des autres riverains, un réglement de police pour un meilleur mode d'écoulement des eaux. (Ordonnance royale du 19 décembre 1821 et 21 mai 1823. -- *Macarel*, Recueil des Arrêts du Conseil, tome 2, page 564; tome 5, page 345.) (1)

6. L'autorité administrative n'est point fondée à revendiquer la connaissance des contestations auxquelles donnerait lieu, dans un intérêt privé, l'application d'un réglement qu'elle aurait fait, concernant le cours d'une rivière non-navigable, ni flottable; tant que ce réglement n'est point attaqué, lesdites contestations sont du ressort des tribunaux ordinaires. (Ordonnance royale du 20 février 1822. -- *Macarel*, Recueil des Arrêts du Conseil, tome 3, page 140.)

7. Il appartient à l'autorité administrative seule de faire des réglements concernant le mode d'entretien du canal qui prend ses eaux dans un fleuve, l'adjudication et la direction des travaux, et la répartition des dépenses entre les intéressés. (Ordonnance royale du 5 novembre 1823. -- *Macarel*,, Recueil des Arrêts du Conseil, tome 5, page 721.)

8. Lorsque le mode d'entretien des digues et chaussées d'un torrent n'est déterminé ni par d'anciens réglements ni par d'anciens usages non-contestés, il entre dans les attributions des préfets d'y pourvoir, et les arrêtés qu'ils prennent à cet effet doivent être considérés comme des propositions de réglements d'administra-

---

(1) Voir la note de la page 58.

tion publique soumis à l'homologation du gouvernement [Ordonnance royale du 26 février 1823. -- *Macarel*, Recueil des Arrêts du Conseil, tome 5, page 150.] (1).

§ 2.

Irrigations. (2)

1. Il appartient aux conseils de préfecture de statuer sur les contestations qui peuvent s'élever, relativement à la quotité de leurs cotisations respectives, entre les membres d'une association formée avec l'autorisation du gouvernement pour l'irrigation de leurs propriétés. (Ordonnance royale du 8 août 1823. -- *Macarel*, Recueil des Arrêts du Conseil, tome 5, page 601.)

2. L'autorité administrative est incompétente pour prononcer sur les droits respectifs des riverains à l'usage des eaux non-navigables ni flottables. En conséquence, un préfet excéderait ses pouvoirs, en autorisant une prise d'eau, dans un ruisseau de cette nature, pour pratiquer des irrigations. (Ordonnance royale du 26 octobre 1825. - *Macarel*, Recueil des Arrêts du Conseil, tome 7, page 629.)

---

(1) Voir ci-devant la loi du 14 mai 1802 (14 floréal an 11), et l'article 34 de la loi du 16 septembre 1807, pages 64 et 72. Il sera bon de rapprocher le texte de cette ordonnance de celui de l'ordonnance du 14 août 1822, mentionnée en la note de la page 77.

(2) Il est rare que les réglements concernant les cours d'eau non-navigables ni flottables, n'aient point pour objet principal, ou ne comprennent point comme accessoires, des dispositions relatives à l'arrosement des propriétés riveraines. Cette réflexion indique assez que les principes résultant des ordonnances royales mentionnées au paragraphe qui précède, sont applicables dans tous les cas où il s'agit d'irrigations.

§ 2.

Constructions, *Travaux*, etc.

1. Il ne peut être établi de moulins et usines sur les cours d'eau non-navigables ni flottables, qu'en vertu d'une ordonnance royale, sur le rapport du ministre de l'intérieur, d'après l'avis du préfet. [Ordonnance royale du 14 mai 1817. -- *Sirey*, Jurisprudence du Conseil d'Etat, tome 3, page 564; ordonnances royales des 30 mars 1821, et 22 décembre 1824. (1) -- *Macarel*, Recueil des Arrêts du Conseil, tome 1er, page 597; tome 6, page 709.]

2. Toutefois ce principe n'est point applicable au cas où il s'agit d'un canal de desséchement construit de main d'homme, et qui constitue une propriété privée; l'autorisation accordée à des tiers est subordonnée au consentement du propriétaire du canal. (Ordonnance royale du 1er septembre 1825. -- *Macarel*, Recueil des Arrêts du Conseil, tome 7, page 528.)

3. La révocation de l'acte qui autorise la construction d'une usine ne peut être prononcée que par le Roi, dans les cas prévus par ledit acte, et après l'accomplissement des formalités qui l'ont précédé. [Ordonnance royale du 29 août 1821 (2). -- *Macarel*, Recueil des Arrêts du Conseil, tome 2, page 293.]

---

(1) L'ordonnance du 22 décembre 1824 porte même que les anciens moulins ne peuvent être modifiés qu'en vertu d'un acte du gouvernement, rendu dans la même forme. Consulter la note de la page 59.

(2) L'usine à l'occasion de laquelle est intervenue cette ordonnance royale avait été autorisée par une simple décision ministérielle en 1812. C'était assez l'usage à cette époque et antérieurement.

4. Lorsque la construction d'une usine a été autorisée par une ordonnance royale, les particuliers qui prétendent éprouver des dommages par le fait de cette construction sont fondés à s'y opposer par la voie contentieuse (1); et dans le cas où il demeure constant que l'usine nuit à leurs propriétés, il y a lieu à prescrire d'en modifier le système. (Ordonnances royales du 30 mai 1821, et 28 avril 1824. -- *Macarel*, Recueil des Arrêts du Conseil, tome 2, page 16; tome 6, page 250.)

5. Il peut être sursis à l'exécution d'une décision ministérielle qui prescrit différents travaux sur le barrage d'un moulin, lorsqu'il résulte de cette décision même que le barrage n'a pas une influence immédiate sur les inondations; que la dépense des travaux n'est pas considérable; qu'enfin, indépendamment de l'absence

(1) Il résulterait d'une ordonnance royale du 7 mai 1823 (Recueil des Arrêts du Conseil, tome 5, page 325), que les réclamants ne sauraient être recevables à se pourvoir par la voie contentieuse, toutes les fois que leurs oppositions primitives ont été visées dans l'acte de concession. Mais qu'est-il besoin que le *visa* soit explicitement exprimé, si les oppositions ont été réellement produites et discutées préalablement à la décision souveraine intervenue, comme cela avait eu lieu dans l'espèce de l'ordonnance royale du 30 mai 1821, ci-dessus indiquée? Si une semblable distinction pouvait être admise, il dépendrait donc en quelque sorte du rédacteur, ou même du copiste de l'acte qui autorise la construction d'une usine, de le rendre susceptible ou non de pourvoi? Nous pensons qu'il faut s'en tenir au principe consacré par l'ordonnance précitée du 30 mai 1821, et qui a reçu son application en plusieurs autres circonstances.

de tout danger, il y a convenance à surseoir, jusqu'à ce qu'il soit définitivement statué. (Ordonnance royale du 4 septembre 1822. -- *Macarel*, Recueil des Arrêts du Conseil, tome 4, page 325.)

6. Lorsqu'une usine a été construite sans autorisation résultant d'une ordonnance royale, c'est devant le ministre que les intéressés doivent produire leurs moyens d'opposition (1), et il peut, le cas échéant, ordonner la destruction des travaux. (Ordonnances royales des 30 mai, 8 et 29 août 1821, et 11 août 1824. -- *Macarel*, Recueil des Arrêts du Conseil, tome 1, page 595; tome 2, pages 223 et 295; tome 6, page 525.

7. L'arrêté d'un préfet, souscrit de l'approbation du ministre (2), qui refuse au propriétaire riverain d'un cours d'eau l'autorisation d'y établir une usine, ne peut être l'objet d'un recours par la voie contentieuse, lorsque le refus est déterminé par des considérations d'ordre et d'utilité publique (3), indépendamment

---

(1) Sans contredit, il en doit être ainsi, lorsque la construction a eu lieu d'après un simple arrêté du préfet; mais dans la circonstance qui a donné lieu à l'ordonnance royale du 8 août 1821, l'arrêté du préfet du 23 août 1814 avait été approuvé par décision ministérielle du 23 janvier 1815. Dès-lors le ministre pouvait-il régulièrement statuer sur les réclamations dont cet acte était l'objet? Cette observation vient à l'appui des réflexions exprimées dans la note de la page 77.

(2) Consulter la même note.

(3) Le Recueil des Arrêts du Conseil renferme plusieurs ordonnances qui consacrent le même principe, mais dans des cas différents. On citera entr'autres celles des 20 novembre 1822 et 13 août 1823, tome 4, page 392, et tome 5, page 593.

des oppositions fondées sur des intérêts privés. (Ordonnance royale du 13 août 1823. -- *Macarel*, Recueil des Arrêts du Conseil, tome 5, page 599.)

8. Les préfets sont compétents pour déterminer la hauteur du déversoir des eaux d'un étang. (Ordonnance royale du 14 novembre 1821. -- *Macarel*, Recueil des Arrêts du Conseil, tome 2, page 464.)

9. Il leur appartient aussi d'ordonner, sous l'approbation du ministre (1), la reconstruction d'une vanne dans l'intérêt particulier d'une usine, si elle sert en même temps au flottage. (Ordonnance royale du 16 novembre 1825. -- *Macarel*, Recueil des Arrêts du Conseil, tome 7, page 651.)

11. La réparation des murs de soutènement d'un cours d'eau peut être prescrite par une ordonnance du maire, qu'il appartient au préfet d'approuver, le cas échéant; un pareil acte ne saurait être déféré au conseil d'état avant d'avoir été l'objet d'une réclamation auprès du ministre. (Ordonnance royale du 4 juin 1823. - *Macarel*, Recueil des Arrêts du Conseil, tome 5, page 374.)

12. Les conseils de préfecture ne sont compétents ni pour statuer sur les contestations qui auraient pour objet la hauteur du déversoir d'une usine (2), ni pour

---

(1) Consulter la note de la page 77.

(2) La compétence des conseils de préfecture est déterminée, 1° en matière de cours d'eau navigables ou flottables par le décret du 10 avril 1812 (page 20); 2° en matière de cours d'eau non-navigables ni flottables par la loi du 14 mai 1802 (14 floréal an 11) [page 64], et par les réglements d'administration publique spéciaux, dérivés de cette loi et de celle du 16 septembre 1807. En toute autre circonstance, ces tribunaux d'exception sont incompétents.

réprimer les contraventions à l'ancien état de la retenue de ses eaux. (Ordonnances royales des 30 mars et 14 novembre 1821, 16 août 1823 et 18 février 1824.– *Macarel*, Recueil des Arrêts du Conseil, tome 1, page 597; tome 2, page 454; tome 5, page 264; tome 6, page 119.)

13. Lorsque des travaux ont été exécutés sur un cours d'eau, en vertu d'un acte administratif, dans l'intérêt d'une commune, et qu'ils donnent lieu aux réclamations d'un particulier, sous prétexte qu'ils portent préjudice à sa propriété, c'est à l'administration supérieure qu'il appartient de connaître de ces réclamations. (Ordonnances royales des 19 décembre 1821 et 30 juin 1824. - *Macarel*, Recueil des Arrêts du Conseil, tome 2, page 559; tome 6, page 372.)

14. Si des travaux entrepris par un particulier sur un cours d'eau non-navigable ni flottable, donnent lieu, de la part d'un ou de plusieurs autres particuliers, à des contestations qui aient pour objet une question de propriété, l'autorité administrative doit s'abstenir de prononcer, du moins jusqu'à ce que lesdites contestations aient été décidées par les tribunaux. [Ordonnances royales des 10 janvier 1821 et 28 août 1822 (1). -- *Macarel*, Recueil des Arrêts du Conseil, tome 1, page 29; tome 4, page 259.]

---

(1) Il semble que le principe établi par ces deux ordonnances ne soit pas bien en harmonie avec les règles du droit commun. Par exemple, *Paul* demande l'autorisation de construire une filature sur un cours d'eau, et se met en devoir de commencer ses constructions; il est en possession des deux rives; mais la propriété de l'une d'elles lui est tout-à-coup

§ 4.

Chômage.

1. Un préfet commet un excès de pouvoir lorsqu'il prononce le chômage *perpétuel* d'une usine autorisée par le ministre de l'intérieur, et contre l'existence de laquelle se seraient élevées des plaintes. Il doit se borner à transmettre son avis au ministre. [Ordonnance royale du 29 août 1821 (1). -- *Macarel*, Recueil des Arrêts du Conseil, tome 2, page 293.]

---

disputée par *Pierre*, qui lui intente une action au pétitoire. Le préfet, saisi de la demande de *Paul*, doit-il différer à statuer jusqu'à ce qu'il soit intervenu un jugement définitif?

Si, au lieu d'une filature hydraulique, *Paul* voulait élever sur la rive contestée un tout autre établissement, une filature à manége par exemple, il le pourrait sans doute nonobstant l'action qui lui est intentée par *Pierre*. Pourquoi donc se verrait-il privé de cette faculté, par la seule raison qu'il s'agit d'un établissement soumis à la surveillance de la police administrative?

Nous pensons que, dans l'hypothèse précédente, l'autorisation demandée doit être accordée sans retard, s'il y a lieu, mais en réservant les droits des tiers-intéressés. Cette question, que nous ne faisons qu'indiquer ici, est du reste susceptible de développements fort étendus.

(1) Il n'appartient de révoquer l'autorisation conditionnellement accordée de construire une usine qu'à l'autorité même de qui émane cette autorisation. Tel est le principe qui sert de base à l'ordonnance ci-dessus : car on sent que la mise en chômage *perpétuel* d'une usine équivaut à une véritable révocation : mais le mot perpétuel, qui ressort du texte

2. Lorsqu'une décision ministérielle prescrit au propriétaire d'un moulin, sous peine de chômage,

---

même de l'ordonnance semble indiquer assez que les préfets sont autorisés à prononcer le chômage provisoire d'une usine autorisée par le gouvernement, lorsque le système des travaux exécutés, conforme ou non à l'acte d'autorisation, compromet évidemment l'intérêt général. Ils agissent alors en vertu du paragraphe 5 de l'article 3, titre 11 de la loi du 16-24 août 1790.

S'ils peuvent mettre en état de chômage, pour des causes graves, une usine autorisée, à plus forte raison cette faculté leur est-elle acquise en cas de non-autorisation; car ils sont chargés par les lois de la police des cours d'eau, et doivent prendre toutes les dispositions nécessaires pour en maintenir le régime. On peut même dire qu'en pareil cas, le chômage est une mesure d'indulgence plutôt que de rigueur, car il y aurait lieu d'ordonner la suppression des travaux.

On a vu en effet que les ordonnances royales des 29 août 1821 et 11 août 1824, mentionnées au n° 6 du paragraphe précédent, ne laissent point de doute sur la question de savoir s'il appartient à l'autorité administrative de faire détruire les ouvrages qui auraient été illicitement entrepris sur un cours d'eau : il est vrai que, dans l'espèce desdites ordonnances, la démolition a été prescrite par le ministre; mais il était incontestablement aussi dans les attributions du préfet de la prononcer. Si, nonobstant les dispositions de l'article 16 du titre 2 de la loi du 28 septembre-6 octobre 1791 (voyez page 59 et la note), le gouvernement s'est réservé le droit d'autoriser les constructions d'usines hydrauliques, n'est-ce pas une raison pour que ses agents ne tolèrent, sous aucun prétexte, celles qui s'établiraient sans cette autorisation?

d'exécuter certains travaux dans un temps donné, le conseil d'état, en cas de recours dudit propriétaire, peut lui accorder un sursis jusqu'à ce qu'il ait été statué, si d'ailleurs il n'y a point péril en la demeure. [Ordonnance royale du 31 juillet 1822. (1) -- *Macarel*, Recueil des Arrêts du Conseil, tome 4, page 138.]

§ 5.

Compétence des Tribunaux.

1. Les contestations qui peuvent s'élever *dans un intérêt purement privé* (2) entre les riverains d'un cours

---

Au reste, une lettre adressée par M. le directeur général des ponts et chaussées à M. le préfet de l'Oise, sous la date du 19 décembre 1825, enseigne qu'en cas de construction non-autorisée sur un cours d'eau, le préfet doit notifier au propriétaire, par un acte administratif, l'ordre de la détruire dans un délai donné : les refus ou négligence d'obtempérer à cet ordre étant constatés par un procès-verbal de l'ingénieur d'arrondissement, assisté du maire, la destruction s'opère d'office aux frais du contrevenant contre lequel il est au besoin délivré un exécutoire. M. le directeur général ajoute qu'il est nécessaire de soumettre préalablement l'arrêté précité au ministre. (Consulter à cet égard la note de la page 77.)

(1) Cette ordonnance est fondée sur le même principe que celle du 4 septembre 1822, mentionnée au n° 5 du paragraphe précédent.

(2) Il est important de faire remarquer ces expressions; elles renferment le principe qui, en matière de cours d'eau, détermine, selon les cas, la compétence de l'autorité administrative, ou celle de l'autorité judiciaire : c'est ce même

d'eau, relativement à l'application des réglements existants, à l'usage des eaux, ou à l'exécution de certains ouvrages, sont de la compétence des tribunaux ordinaires. (Ordonnances royales des 30 mai 1821, 8 mai et 14 août 1822; 22 décembre 1824, et 19 octobre 1825. — *Macarel*, Recueil des Arrêts du Conseil, tome 1, page 602; tome 3, page 399; tome 4, pages 190 et 195; tome 6, pages 709 et 710; tome 7, page 588.)

2. Ainsi, lorsqu'un tribunal a déclaré prendre pour base de son jugement le réglement administratif qui concerne une rivière non-navigable ni flottable, le préfet ne saurait être fondé à élever le conflit, sous prétexte qu'il appartient à l'autorité administrative d'interpréter ses actes. (Ordonnance royale du 20 février 1822. -- *Macarel*, Recueil des Arrêts du Conseil, tome 3, page 140.)

3. L'ordonnance royale qui autorise la construction ou la conservation d'une usine sur un cours d'eau, ne saurait être préjudiciable aux droits acquis par un tiers, s'il demeure constant que lorsqu'elle a été rendue, celui-ci n'avait pas fait valoir ses droits de propriété. Son opposition contre ladite ordonnance est recevable,

---

principe qu'exprime ainsi M. *Pardessus*, dans son Traité des Servitudes : « Tout ce qui concerne la législation des eaux se compose des principes sur la propriété territoriale, et des règles sur la manière de jouir des choses qui n'appartiennent à personne, et dont l'usage est commun à tous. L'application des premières est confiée aux tribunaux; la détermination des autres à l'administration. » (Voir aussi l'article 714 du Code civil.)

et la question doit être renvoyée aux tribunaux. (Ordonnance royale du 27 avril 1825. -- *Macarel*, Recueil des Arrêts du Conseil, tome 7, page 197.)

4. Si, nonobstant les conventions intervenues entre plusieurs propriétaires d'un fonds traversé par un cours d'eau, l'un d'eux fait des travaux qui aient pour but d'en changer la direction, les contestations qui s'élèvent à ce sujet sont du ressort des tribunaux. Il en est de même lorsqu'un particulier réclame l'exécution d'un jugement rendu entre lui et d'autres intéressés, et qui a prescrit la construction de certains ouvrages sur un cours d'eau (1). [Ordonnances royales du 19 décembre 1821 et 21 décembre 1823. -- *Macarel*, Recueil des Arrêts du Conseil, tome 2, page 564; tome 5, page 345.)

5. Lorsque deux particuliers ont transigé relativement au partage des eaux d'une rivière non-navigable ni flottable, l'intérêt qu'une commune prétendrait avoir à ce partage n'est pas un motif suffisant pour attribuer la connaissance de la contestation à l'autorité administrative. Un préfet ne serait point fondé à la revendiquer par voie de conflit. (Ordonnance royale du 22 décembre 1824. -- *Macarel*, Recueil des Arrêts du Conseil, tome 16, page 711.)

6. Lorsqu'une propriété riveraine d'un cours d'eau a été vendue comme bien national, mais sans aucune disposition spéciale relative à la jouissance des eaux, il appartient aux tribunaux de statuer sur les anticipations ou autres entreprises qui auraient lieu sur ce

---

(1) Voir le n° 5 du paragraphe 1.

cours d'eau. (Ordonnance royale du 31 octobre 1821. -- *Macarel*, Recueil des Arrêts du Conseil, tome 2, page 422.)

7. En matière de cours d'eau, si les tribunaux statuent par des dispositions contraires à un acte émané de l'autorité administrative, ils commettent un excès de pouvoir. (Ordonnance royale du 20 juin 1621. -- *Macarel*, Recueil des Arrêts du Conseil, tome 2, page 91.)

8. Lorsque la construction d'une usine hydraulique ou d'autres travaux ont été autorisés par un acte administratif, les tribunaux sont incompétents pour statuer sur les oppositions élevées contre l'exécution de ces actes. (Ordonnances royales du 15 décembre 1824, et 12 janvier 1825, tome 6, page 680; tome 7, page 4.)

§ 6.

Contraventions.

1. Les contraventions aux réglements de police sur les rivières non-navigables ni flottables, et autres petits cours d'eau, doivent être portées, suivant leur nature, devant les tribunaux de police municipale ou correctionnelle, et les contraventions qui intéressent les propriétaires, devant les tribunaux civils (1) [Or-

(1) Cette rédaction est, à peu de chose près, textuellement conforme à celle de l'avis du conseil d'état du 15 mars 1803 (24 ventôse an 12). Voir page 66. Elle distingue seulement, selon les cas, les tribunaux devant qui les poursuites doivent s'exercer.

Sans contredit, le particulier qui poursuivra devant le

donnances royales des 28 novembre 1821 ; 14 août 1822 ; 16, 23 avril et 24 décembre 1823 ; 7 avril et 22 décembre 1824. -- *Macarel*, Recueil des Arrêts du Conseil, tome 2, page 540 ; tome 4, page 190 et 195 ; tome 5, pages 263, 286 et 854 ; tome 6, pages 207 et 709.)

2. Il ne doit point être sursis à la poursuite des contraventions à d'anciens réglements concernant, soit la police d'un cours d'eau non-navigable ni flottable, soit la hauteur de la retenue des usines, par la raison que l'autorité administrative s'occupe de préparer les bases d'un réglement nouveau. Ce principe est applicable lorsqu'il s'agit de la partie non-navigable ni flottable d'un cours d'eau dépendant du domaine public. (Ordonnances royales des 19 janvier et 31 mars 1825. -- *Macarel*, Recueil des Arrêts du Conseil, tome 7, pages 27, 30 et 194.)

3. L'auteur d'une entreprise faite sur un cours d'eau non-navigable ni flottable, ne peut prétendre arrêter la marche de la justice relativement à cette entreprise, en présentant ultérieurement une demande

---

tribunal civil une contravention dont les conséquences lui sont préjudiciables, obtiendra la condamnation du contrevenant. En sera-il de même s'il s'agit d'une contravention à un réglement de police ? Hors les cas spéciaux prévus, soit par les articles 15 et 16 de la loi du 28 septembre 1791, soit par l'article 457 du Code pénal (pages 59 et 73), qui supposent des contraventions immédiatement dommageables à autrui, la question est au moins douteuse. Voir la note 2 de la page 66.

en permission à l'autorité administrative. (Ordonnance royale du 12 mai 1824. -- *Macarel*, Recueil des Arrêts du Conseil, tome 6, page 263.)

§ 7.

Flottage à bûches perdues.

1. Les préfets sont compétents pour autoriser, dans l'intérêt du flottage, sauf l'approbation du ministre de l'intérieur, la reconstruction d'une vanne sur un cours d'eau flottable à bûches perdues. (Ordonnance royale du 16 novembre 1825. -- *Macarel*, Recueil des Arrêts du Conseil, tome 7, page 651.)

2. Les contestations qui s'élèvent entre les flotteurs et les propriétaires riverains sont dans les attributions de l'autorité administrative (1). [Ordonnance royale du 4 février 1824. --- *Macarel*, Recueil des Arrêts du Conseil, tome 6, page 69].

---

(1) Il est bon d'indiquer sommairement ici dans quelles circonstances cette ordonnance a été rendue :

Un jugement du juge de paix du canton de Clamecy avait condamné un flotteur en dix francs de dommages-intérêts envers un particulier riverain de l'Yonne pour avoir établi sur le terrain de ce particulier, sans son aveu, un atelier de flottage. Le préfet, à qui ce jugement fut dénoncé, éleva le conflit.

Ce conflit était fondé sur l'ordonnance de 1672 qui attribue à l'administration le soin d'indiquer les ports où doivent être déposés les bois destinés à l'approvisionnement de Paris ; d'où il résulte qu'elle est seule compétente pour prononcer sur les contestations qui peuvent s'élever relativement à la détermination de ces lieux de dépôt.

§ 8.

Curage.

1. L'administration doit pourvoir au curage des canaux et rivières non-navigables; en conséquence, les

---

Le conflit ne parut point fondé au garde-des-sceaux. « Il n'a été porté, disait-il, devant le tribunal de paix qu'une action en dommages-intérêts, à raison des voies de fait reprochées par le plaignant au flotteur; cette action est évidemment du ressort des tribunaux ordinaires. La question relative à l'étendue et à l'existence du port est bien de la compétence administrative; mais cette exception n'ayant pas été mise en question devant le tribunal, l'administration est étrangère à l'objet de la contestation, et en l'état il n'y avait pas lieu d'elever le conflit. »

Le conseil d'état n'a point partagé cette opinion, et a pensé qu'aux termes de l'ordonnance de 1672, l'administration était seule compétente pour statuer sur la contestation.

En effet, cette ordonnance détermine, entr'autres choses, le mode d'approvisionnement de Paris en combustibles, et attribue aux autorites chargées de la police le soin de veiller à l'exécution des dispositions qu'elle renferme. Or, l'article 14 du chapitre 17, porte que les marchands de bois flottés *pourront se servir des terres proches des rivières navigables ou flottables, pour y faire les amas de leurs bois, soit pour les charger en bateaux, soit pour les mettre en trains, en payant pour l'occupation desdits héritages dix-huit deniers pour chacune corde empilée sur les terres en pré, et un sol pour chaque corde empilée sur les terres en labour.*

Mais si l'administration est compétente pour connaître des contestations qui s'élèvent entre les flotteurs et les pro-

rôles de répartition des dépenses du curage sont dressés sous la surveillance du préfet, et rendus exécutoires

---

priétaires riverains, ce ne peut être que lorsque le flottage a lieu sur des cours d'eau, auxquels s'applique l'ordonnance de 1672, ou en d'autres termes qui servaient à l'approvisionnement de la capitale.

Nous avons déjà indiqué cette opinion dans la note de la page 22. Elle est confirmée par un arrêt de la Cour de cassation, en date du 18 novembre 1833 (Recueil de *Sirey*, tome 24, 1ere partie, page 219. En voici l'espèce :

Un sieur *Rougier* forme, en 1818, une demande en dommages-intérêts contre un sieur *Alluand*, marchand de bois de Limoges, et dont les bois flottés sur le ruisseau de Combades avaient dégradé les écluses servant à l'irrigation des prairies dudit sieur Rougier.

Sur cette instance intervient un sieur *Constantin*, se qualifiant syndic de la corporation des marchands de bois de Limoges en conséquence d'un arrêté du préfet de la Haute-Vienne, qui autorise ces marchands de bois à se former en corporation et à nommer des syndics.

Il décline d'abord la compétence du tribunal, attendu que la contestation était du ressort de l'autorité administrative à laquelle sont dévolues, en matière de flottage, les attributions des anciennes maîtrises des eaux et forêts.

Au fonds, il demande que la question soit jugée conformément à une convention intervenue entre les marchands de bois et les principaux propriétaires des moulins, vannes et digues établis sur les rivières de Laurion et de la Vienne, et des ruisseaux y affluants. Cette convention, homologuée par une ordonnance de l'ancien intendant de Limoges, du 22 avril 1788, portait que toutes les dégradations qui surviendraient aux digues établies sur lesdites rivières et ruis-

par lui (1). [Ordonnance royale du 20 novembre 1822. — *Macarel*, Recueil des arrêts du Conseil, tome 4, page 407.)

---

seaux seraient réparées en commun, entre le propriétaire de la digue dégradée et le syndic des marchands de bois, au nom de la communauté.

Un jugement du tribunal civil, et ensuite un arrêt de la cour royale de Limoges, rejettent l'exception d'incompétence, déclarent le sieur Constantin non-recevable, et condamnent le sieur Alluand au paiement des dommages réclamés.

C'est cet arrêt qui a été confirmé par la Cour de cassation le 18 novembre 1823.

(1) Le curage des rivières constitue une disposition d'ordre public qui se trouve placée dans les attributions de l'administration, chargée par les lois et réglements de l'exécution des mesures qui ont pour objet d'entretenir la salubrité et de donner aux eaux la direction la plus utile, dans les intérêts généraux de l'agriculture et de l'industrie. Il suit de là qu'il appartient au préfet seul de fixer les époques successives auxquelles doit avoir lieu le curage, soit *ordinaire*, soit *à vifs fonds* et *vifs bords*, des cours d'eau de son département; d'approuver les devis dressés par les agents placés sous ses ordres, à l'effet de déterminer la masse des encombrements à enlever pour rendre le lit desdits cours d'eau à son état naturel; de régler enfin les lignes de pente du sol gravier, conformément aux accidents et à la nature du terrain. Que, s'il s'élève à cette occasion quelques questions de propriété, elles doivent être décidées par les tribunaux, en tant qu'elles n'intéressent point l'ordre public. Cette restriction, fondée sur les lois organiques de l'administration, résulte d'ailleurs explicitement d'un arrêt de la Cour de cassation, du 4 février 1807, et d'un décret du 18 août suivant. (Recueil de *Sirey*, tome 7, 1ère partie, page 217, et tome 16, 2e partie, page 283.)

3. Les conseils de préfecture sont compétents pour connaître, sauf le recours au conseil d'état, de toutes les contestations relatives au recouvrement des rôles, aux réclamations des individus imposés, à la confection des travaux de curage des canaux et rivières non-navigables, et à l'entretien des ouvrages d'art qui y

---

Quelle est maintenant, en matière de curage des cours d'eau, la compétence des conseils de préfecture? L'article 4 de la loi du 4 mai 1802 (14 floréal an 11), les motifs et le texte des deux ordonnances mentionnées au n° 2 du présent paragraphe, ne laissent aucun doute à cet égard; lorsque les travaux de curage ont été exécutés; lorsque le rôle établi pour réaliser les ressources applicables aux dépenses est mis en recouvrement, les conseils de préfecture sont appelés à juger, 1° les réclamations de ceux qui prétendraient obtenir leur radiation dudit rôle, ou la réduction de leur cote; 2° les contestations qui s'élèveraient sur la question de savoir si les travaux, *tels qu'ils ont été determinés au devis approuvé par le préfet*, se trouvent bien et duement confectionnés; si, dans le cas où ils auraient été exécutés par entreprise, l'entrepreneur s'est conformé à toutes ses obligations, etc., etc.

Ainsi, le sens véritable de l'article 4 de la loi du 4 mai 1802 (14 floréal an 11), paraîtrait avoir été méconnu dans une décision émanée de la direction générale des ponts et chaussées, sous la date du 13 août 1823. Voici à quelle occasion:

Un sieur L..... demande l'autorisation de construire une usine hydraulique sur un cours d'eau non-navigable ni flottable, en un point qu'il détermine. A quelque distance au-dessus se trouve un moulin à blé d'ancienne origine, appartenant à un sieur C.....; entre l'un et l'autre point, mais

correspondent. (Ordonnances royales des 20 novembre 1822 et 23 juin 1824. -- *Macarel*, Recueil des Arrêts du Conseil, tome 4, page 407; tome 6, page 336.)

3. Les contestations relatives aux dépenses des travaux d'abaissement et réparation des gués dépendant d'un cours d'eau non-navigable ni flottable, doivent

---

au droit de la propriété du sieur L......, on remarque dans le lit de la rivière un attérissement solide, qui forme une contrepente, et détermine une espèce de barrage; enfin, la roue du moulin supérieur, plonge dans l'eau d'environ 390 millimètres.

Le sieur C..... attribue cette circonstance à la présence de l'attérissement, et demande qu'il soit enlevé; le sieur L... répond qu'il existe de temps immémorial; que si la roue du moulin du sieur C.....se trouve noyée, cela tient au mauvais système de construction de cette usine; que l'on reproche le même vice à toutes celles qui ont été construites à la même époque; que l'attérissement dont il s'agit constitue un accident naturel de la rivière, et qu'il entend profiter de la chute qui en résulte. A l'appui de cette allégation, il produit les déclarations de plusieurs individus, la plupart d'un âge avancé, qui attestent avoir toujours vu les lieux dans l'état où ils se trouvent.

Sur la demande du sieur C....., l'autorité administrative ordonne que la rivière soit mise en état de curage, sans en attaquer, toutefois, le sol gravier. Cette opération a lieu, et la roue du moulin du sieur C.... se trouve un peu dégagée, mais relève encore 355 millimètres d'eau.

Le préfet, examen fait des plan, procès-verbal et rapport présentés par les ingénieurs, et des mémoires d'observations produits par les sieurs C.... et L...., adresse le tout à la direction générale des ponts et chaussées, avec un avis favorable à la demande de ce dernier.

être jugées par la même autorité et dans les mêmes formes. (Ordonnance royale du 23 juin 1824. -- *Macarel*, Recueil des Arrêts du Conseil, tome 6, page 336.)

4. Le propriétaire riverain d'un canal de desséche-

M. le directeur général renvoie toutes les pièces, en observant qu'à la vérité, si la roue de l'usine du sieur C.... se trouve noyée, il semble que ce soit une conséquence de l'état naturel des lieux ; que rien n'annonce que le lit de la rivière ait été relevé pour former la chute que le sieur L.... prétend utiliser ; mais que la question de savoir si l'existence de cette roue n'a pas établi un droit de prescription en faveur du propriétaire de l'ancienne usine, n'est point résolue, et doit l'être nécessairement avant de donner suite à la demande dudit sieur L.... ; qu'ainsi il convient de renvoyer préalablement les parties devant les tribunaux.

Cette décision parut au préfet susceptible de quelques objections. Il les soumit à M. le directeur général, en lui représentant que les tribunaux ne semblent, dans aucun cas, habiles à prononcer que le lit d'un cours d'eau doit être approfondi ou même curé sur une étendue plus ou moins considérable.

Alors intervient une nouvelle décision portant textuellement ce qui suit :

1° Le curage attaqué comme incomplet par le propriétaire de l'ancien moulin dont la roue est noyée, forme une question qui doit être renvoyée au conseil de préfecture ;

2° La chute de la nouvelle usine ne peut être proposée, telle qu'elle est, que dans le cas où la question sur le curage aura définitivement été résolue, contre les prétentions du sieur C.... ; toute concession en faveur du sieur L..... serait, quant à présent, prématurée ;

ment ou d'irrigation, curé et entretenu à frais communs, en conformité d'un réglement d'administration, ne saurait être fondé à refuser de payer sa cotisation, sous prétexte que la demande lui en est tardivement faite, et opposer la prescription au recouvrement du

---

3° Si, indépendamment des contestations sur le curage, il s'élevait des questions de propriété, de servitude ou de prescription, dont la solution dût influer sur la concession du moulin projeté par le sieur L....., ces questions, entièrement de la compétence des tribunaux civils, devront être préalablement jugées.

Le conseil de préfecture saisi de la contestation, se borna à déclarer qu'il n'y avait pas lieu, jusqu'à ce que les tribunaux eussent prononcé sur les prétentions du sieur L..... à la propriété de l'atterrissement, de statuer sur la demande du sieur C....., en complément du curage. Il a donc implicitement reconnu sa compétence par cette déclaration; mais si les tribunaux prononcent en faveur du sieur L....., il n'y aura plus lieu à faire de curage; s'ils prononcent contre lui, l'atterrissement devra être enlevé, et le sol gravier nivelé selon une pente uniforme; en quoi consistera donc, dans l'une ou l'autre hypothèse, l'intervention du conseil de préfecture?

Nous pensons que dans l'espèce dont il s'agit, le curage ayant été prescrit par l'autorité administrative, et les réclamations du sieur C..... ayant pour objet, non pas le mode d'exécution des travaux, mais l'extension plus considérable qui, dans ses prétentions, aurait dû être donnée à ce curage, le conseil de préfecture était incompétent. Nous pensons de plus que dans la supposition où il devait s'élever, comme l'a dit M. le directeur général des ponts et chaussées, des questions de *propriété*, de *servitude* ou de *prescription*,

rôle établi pour cette dépense, comme en matière de contributions publiques. (Ordonnance royale du 29 octobre 1823. -- *Macarel*, Recueil des Arrêts du Conseil, tome 5, page 693.)

Section 2.

Pêche.

Article 1er. - Lois et Actes du Gouvernement.

Décret du 6 Juillet 1793.

La Convention nationale, après avoir entendu son comité de législation sur la pétition du citoyen *Cabaret*, de la commune d'Oivel, département de la Manche, du 8 du mois dernier, tendant à faire décréter l'abolition du droit exclusif de pêche prétendu par les ci-devant seigneurs, et la permission à chacun de pêcher le long de ses héritages, passe à l'ordre du jour, motivé sur les articles 2 et 5 du décret du 25 août 1792; le premier, portant que toute propriété foncière

---

dont la solution dût influer sur la chute de l'usine projetée, ce n'était pas un motif pour différer de statuer sur la demande du sieur L..... Il fallait la lui accorder, sauf réserve des droits d'autrui.

Nous renvoyons à cet égard à la note placée au bas de la page 85; et à l'appui des réflexions qu'elle renferme, nous ferons remarquer que la demande du sieur L..... a été formée à la fin de 1820, et que son usine n'est point encore établie en 1826.

est réputée franche et libre de tous droits, tant féodaux que censuels, si ceux qui les réclament ne prouvent le contraire dans la forme qui sera prescrite ci-après; l'autre, que généralement tous les droits seigneuriaux, tant féodaux que censuels, conservés ou déclarés rachetables par les lois antérieures, quelles que soient leur nature ou leur dénomination, même ceux qui pourraient avoir été omis dans lesdites lois ou dans le présent décret, ainsi que tous les abonnements, pensions et prestations quelconques qui les représentent, sont abolis sans indemnité, à moins qu'ils ne soient justifiés avoir pour cause une concession primitive de fonds, laquelle cause ne pourra être établie qu'autant qu'elle se trouvera clairement énoncée dans l'acte primordial d'inféodation, d'avancement ou de bail à cens, qui devra être rapporté (1).

---

(1) Un autre décret du 30 juillet 1793, a confirmé l'abolition du droit exclusif de pêche, dont jouissaient autrefois les seigneurs dans les rivières non-navigables ni flottables; aussi étaient-elles appelées *seigneuriales*. (Voir la note de la page 44.)

Ainsi, à dater de la promulgation du décret du 6 juillet 1793, il fut libre à chacun de pêcher dans toutes les rivières, sans exception. La loi du 4 mai 1802 (4 floréal an 10), attribua ensuite au gouvernement, et seulement dans les rivières navigables, le droit de pêche, qui, appartenant à tous, n'était à proprement parler la propriété de personne. (Voyez page 42.) Il sera bon de consulter aussi sur ce point, deux ordonnances royales, l'une du 30 juillet 1817, insérée au tome 4 de la jurisprudence du conseil d'état, l'autre du 22 janvier 1823, insérée au tome 24 du Recueil des arrêts de la cour de cassation, 2e partie, page 105.

Extrait du Code civil (Promulgation du 19 avril 1803 - 29 germinal an 11).

Article 715. La faculté de..... pêcher est réglée par des lois particulières (1).

Avis du Conseil d'Etat du 15 *février* 1805 (27 pluviôse an 13) approuvé le 19 du même mois (30 pluviôse).

Le conseil d'état, qui a entendu le rapport de la section de l'intérieur et celui du ministre de ce département, relativement à la question de savoir à qui, des propriétés riveraines ou des communes, appartient la pêche des rivières non-navigables;

Considérant, 1° Que la pêche des rivières non-navigables faisait partie des droits féodaux, puisqu'elle était réservée en France, soit au seigneur haut justicier, soit au seigneur du fief;

2° Que l'abolition de la féodalité a été faite non au profit des communes, mais bien au profit des vassaux qui sont devenus libres dans leurs personnes et dans leurs propriétés;

3° Que les propriétaires riverains sont exposés à tous les inconvénients attachés au voisinage des rivières, dont les lois d'ailleurs n'ont pas réservé des avant-bords destinés aux usages publics; que les lois et arrêtés du gouvernement les assujettissent à la dépense du curage et à l'entretien de ces rivières, et

---

(1) Il n'a point été fait de réglements particuliers pour l'exercice de la pêche; ainsi, l'ordonnance de 1669 fait toujours loi pour toutes les eaux, *en ce qui concerne la conservation de l'espèce.* (Voyez pages 6, 7, 8 et 9.)

que, dans les principes de l'équité naturelle, celui qui supporte les charges doit aussi jouir du bénéfice;

4° Enfin, que le droit de pêche des rivières non-navigables accordé aux communes, serait une servitude pour les propriétés particulières, et que cette servitude n'existe point aux termes du Code civil;

Est d'avis que la pêche des rivières non-navigables ne peut, dans aucun cas, appartenir aux communes; que les propriétaires riverains doivent en jouir, sans pouvoir cependant exercer ce droit qu'en se conformant aux lois générales ou réglements locaux concernant la pêche, ni le conserver, lorsque par la suite une rivière aujourd'hui réputée non-navigable deviendrait navigable; et qu'en conséquence, tous les actes de l'autorité administrative qui auraient mis des communes en possession de ce droit, doivent être déclarés nuls (1).

(1) On ne comprend point comment avait pu s'élever la question de savoir à qui, des communes ou des propriétaires riverains, appartient la pêche dans les rivières non-navigables. Quoiqu'il en soit, elle a été résolue d'après les règles de l'équité; ainsi, les communes ne peuvent prétendre à exercer le droit de pêche que dans les cours d'eau que traversent des propriétés communales, et c'est alors qu'il y a lieu de se conformer aux dispositions des articles 17 et 18 du titre 25 de l'ordonnance de 1669. (Voyez page 54.)

Il est au reste remarquable que l'avis du conseil d'état, dont le texte vient d'être rapporté, ne fasse mention que des rivières navigables. En faudrait-il donc conclure, nonobstant le principe consacré par l'article 538 du Code civil, dont la publication avait eu lieu antérieurement, que la pêche, dans les rivières flottables, appartient aussi aux riverains? (Voir la note de la page 39.)

Avis du Conseil d'Etat, du 11 octobre 1811, approuvé le 19.

Le conseil d'état, qui a entendu le rapport de la section de l'intérieur, sur celui du ministre de ce département, tendant à faire approuver l'acquisition, à titre d'échange, par la commune de Condé-sur-Iton, département de l'Eure, d'une maison pour servir de presbytère,

A la charge par la commune de céder en contre-échange, 1° des biens communaux; 2° le droit de pêche dans la rivière d'Iton, le long du terrain communal appelé les *Prés marins*;

Considérant que le droit de pêche appartenant à la commune, sur la rivière d'Iton, résulte pour elle de la propriété des biens communaux, et en est une dépendance indivisible;

Qu'elle ne peut aliéner à perpétuité le droit exclusif de pêche, en conservant la propriété du terrain d'où ce droit découle,

Est d'avis qu'il n'y a pas lieu à autoriser ledit échange, et que le présent avis soit inséré au bulletin des lois (1).

---

(1) Ainsi, sous l'empire de la nouvelle législation, le droit de pêche ne peut être aliéné en conservant la propriété des rives, et réciproquement il ne peut être réservé sur un cours d'eau dont les rives sont aliénées : ce principe se trouve rappelé dans un arrêt de la cour de cassation, du 10 mai 1825. (Recueil de *Sirey*, tome 25, 1re partie, page 193.)

Avis du Conseil d'Etat du 21 *février* 1822.

Le conseil d'état, sur le renvoi qui lui a été fait par M. le Garde des sceaux, d'un rapport transmis par M. le Ministre des finances, relatif au droit de pêche dans les rivières flottables et non-navigables;

Vu la lettre de M. le Ministre des finances, du 26 décembre 1821, qui propose de soumettre à l'examen du conseil les deux questions suivantes:

1° Le droit de pêche, dans les rivières flottables et non-navigables, appartient-il à l'état?

2° Y a-t-il lieu, dans le cas de l'affirmative, de réformer l'avis du conseil d'état du 30 pluviôse an 13?

Vu la décision du même ministre, du 6 novembre 1820, qui prescrit la mise en ferme des parties des rivières de la Meurthe et de la Moselle, qui ne sont pas flottables;

L'avis du conseil des finances, du 6 octobre 1820, sur les deux questions ci-dessus, la loi du 14 floréal an 10, l'article 538 du Code civil, l'avis du conseil d'état du 30 pluviôse an 13, relatif à la propriété du droit de pêche dans les rivières non-navigables;

Considérant que, dans l'acception commune, on confond, sous la dénomination de *rivières flottables*, deux espèces de cours d'eau très-distincts; savoir:

1° Des rivières navigables sur *trains* ou *radeaux*, au bord desquelles les propriétaires riverains sont tenus de livrer le marche-pied déterminé par l'article 650 du Code civil, et dont le curage et l'entretien sont à la charge de l'état;

2° Des rivières et ruisseaux *flottables à bûches perdues*, et sur le bord desquelles les propriétaires riverains ne sont assujettis qu'à livrer passage, dans le temps du flot (1), aux ouvriers du commerce de bois chargés de diriger les bûches flottantes, et de repêcher les bûches submergées ;

Considérant que les rivières navigables sur trains ou radeaux, sont navigables pour toute embarcation du même tirant d'eau que le train ou radeau flottant ;

Que les rivières flottables de cette espèce ont été considérées comme rivières navigables, soit par l'ordonnance de 1669 (2), soit par les premières instructions données pour l'exécution de la loi du 14 floréal an 10 ;

Que, dès-lors, les rivières flottables sur trains ou radeaux, dont l'entretien est à la charge de l'état, se trouvent comprises parmi les rivières navigables dont la pêche peut, aux termes de ladite loi, être affermée au profit de l'état ;

Qu'il est impossible au contraire d'appliquer les dispositions de ladite loi aux cours d'eau qui ne sont flottables qu'à bûches perdues, et qui ne peuvent, sous aucun rapport, être considérés comme rivières navigables ;

Est d'avis, 1° que l'état a le droit d'affermer, en vertu de la loi du 14 floréal an 10, la pêche des rivières qui sont navigables sur bateaux, trains ou ra-

(1) Consulter l'arrêté du directoire, du 2 janvier 1797 (13 nivôse an 5), dont le texte est rapporté dans la note de la page 47.

(2) Ce n'est point l'ordonnance de 1669 d'où résulte explicitement cette assimilation, mais l'arrêt du conseil du mois de novembre 1694, mentionné en la note de la page 1.

deaux, et dont l'entretien n'est pas à la charge des propriétaires riverains ; 2° que ce droit ne peut s'étendre, en aucun cas, aux rivières ou ruisseaux qui ne sont flottables qu'à bûches perdues (1).

ARTICLE 2. - Jurisprudence du Conseil d'Etat.

L'autorité administrative est incompétente pour ordonner la destruction d'une digue construite dans une rivière non-navigable ni flottable, et destinée à la pêche (2). [Décret du 12 avril 1812, au bulletin.]

---

(1) L'acte dont nous venons de rapporter le texte, est contraire à une prétention fiscale qu'avait élevée l'administration des finances, et qui probablement ne sera point reproduite (consulter la note de la page 39). Il faut avouer toutefois qu'il ne tranche point la question d'une manière aussi décisive que l'aurait fait un avis de l'ancien conseil d'état, reconnu par la constitution du 13 décembre 1799 (22 frimaire an 8), et dont un réglement organique du 13 du même mois (5 nivôse), avait invariablement déterminé les attributions. L'article 11 de ce réglement est ainsi conçu :

« Le conseil d'état développe le sens des lois, d'après le renvoi qui lui est fait par les Consuls, des questions qui leur ont été présentées. »

(2) L'incompétence de l'administration n'a été prononcée, dans cette circonstance, que parce que l'on a considéré la digue comme servant exclusivement à l'exercice d'un droit privé, et abstraction faite des changements qu'elle pouvait apporter au régime des eaux et des inondations qui en seraient les conséquences. Sous ce dernier rapport, il est évident que cet ouvrage rentrait dans la cathégorie des travaux faits sans autorisation. (Consulter le paragraphe 3 de l'article 2, section 1 de ce chapitre.)

TITRE III.

Réglements propres aux Cours d'eau dans le Département de la Seine-Inférieure.

CHAPITRE PREMIER.

ANCIENS RÉGLEMENTS.

SECTION 1.

Réglements généraux.

Extrait de la Coutume de Normandie.

Article 206. Le *seigneur* peut détourner l'eau courante en sa terre, pourvu que les deux rives soient assises en son *fief*, et qu'au sortir de son fief il les remette en leur cours ordinaire, et que le tout se fasse sans dommage d'autrui (1).

---

(1) Cet article de la Coutume avait consacré un principe fort juste, et qui résulte encore de la combinaison de l'article 15 du titre 2 de la loi du 28 septembre -- 6 octobre 1791 (page 59), avec l'article 645 du Code civil (page 69). Mais la faculté réservée alors exclusivement aux seigneurs, est acquise aujourd'hui à tous les riverains d'une eau courante. (Voir l'article 644 du Code civil et la note de la page 44.)

Il ne sera pas hors de propos de reproduire ici un extrait textuel du Commentaire de *Basnage*, sur l'article 206 de la Coutume.

207. Ceux qui ont nouveaux étangs, fossés ou

« Les eaux dont la Coutume permet aux seigneurs de détourner le cours, ne se doivent entendre que des rivières qui ne sont point navigables ; car les rivières navigables appartenant au Roi, les seigneurs féodaux ne peuvent rien entreprendre sur le cours d'icelles. »

« La Coutume ne donnant qu'aux seigneurs cette faculté de détourner les rivières, il est évident que les particuliers n'en ont pas le pouvoir : mais au moins n'ont-ils pas cette liberté de boucher ou d'arrêter le cours des fontaines, quand elles prennent leur source et leur origine dans leurs héritages ? Cette matière forme souvent de la contestation entre les voisins, surtout lorsqu'une fontaine a eu long-temps son cours, et que celui qui le veut changer ou arrêter ne le fait que par quelque motif de vengeance ou de haine, et dans la seule vue de nuire à son voisin, comme il arrive lorsqu'on ôte à celui qui est en dessous, l'eau qui arroserait ses terres, ou que le moulin qu'il avait fait bâtir, demeure inutile faute d'eau. »

« Il semble que l'on ne peut empêcher le propriétaire de disposer à sa volonté de la fontaine dont il est le maître, et pour user des termes de la loi dont il *possède le chef.* Le seigneur du fonds qui est au-dessous n'a point sujet de s'en plaindre, parce qu'il est de droit naturel que chacun puisse user de son bien à sa volonté ; ce qui est si véritable, que si, nonobstant cette stipulation que le droit appelle *damni infecti,* je dérive et attire, en creusant mon fonds, l'eau qui était dans le champ de mon voisin, il ne peut m'en empêcher en vertu de cette stipulation. Quand la source serait dans mon héritage, si mon voisin en coupait les veines et les conduits qui passent dans le sien, je n'aurais point d'action contre lui. »

« On allègue, au contraire, que quand une eau a eu son cours durant un si long-temps qu'il excède toute mémoire d'homme, cela fait présumer un droit de servitude. En second

écluses, ne peuvent détenir les eaux des fleuves et

---

lieu, il y va de l'intérêt public que le cours des eaux ne soit pas détourné, et c'est violer l'ordre de la nature que de changer ce qu'elle a disposé si sagement. Mais en tout cas, quand le propriétaire ne fait ce changement que dans le dessein de nuire à son prochain, l'équité naturelle ne peut souffrir une malice dont l'auteur ne reçoit aucune utilité. »

« Pour la décision de cette difficulté, nos docteurs font cette distinction : ou le propriétaire du fonds est obligé de laisser couler l'eau qui sort de la source qui est sur son fonds, sur les héritages qui sont au-dessous, ou il ne l'a souffert que par grâce et sans aucune obligation : au premier cas, celui qui souffre du dommage par le changement du cours ordinaire de l'eau, peut s'y opposer : mais quand l'eau n'a coulé sur son fonds que par grâce, et comme parlent les docteurs, *jure facultatis*, il est vrai de dire que le propriétaire de la fontaine, en la détournant, ne fait rien qui ne lui soit permis, et par conséquent le voisin n'a point d'action contre lui, quoiqu'il en souffre un grand préjudice. »

« Mais cette distinction ne décide pas pleinement la question ; car la difficulté consiste le plus souvent à savoir si le voisin a droit de servitude, ou s'il ne s'est servi de ces eaux que par souffrance et par grâce. »

« Si la servitude est prouvée par quelque titre ou quelque contrat, ou qu'elle soit imposée par la Coutume du lieu, il est sans doute que les choses doivent demeurer en leur ancien état, et que l'on ne peut apporter d'innovation; mais lorsque l'on ne prouve point la servitude, ni par l'autorité de la loi, ni par aucune convention, quoique par nos Coutumes une servitude ne se puisse acquérir sans titre, on demande si pour les choses de cette qualité, une si longue souffrance et une possession immémoriale qui paraît aussi ancienne que le monde, ne suffit pas pour faire présumer un titre. Il faut néanmoins

rivières, qu'ils ne courent continuellement pour la commodité de ceux qui sont au-dessous, à peine de répondre de tous dommages-intérêts (1).

208. Et ceux qui ont d'ancienneté fossés ou écluses ne peuvent retenir l'eau, sinon depuis le soleil levant jusqu'au soleil couchant.

209. Roteurs ne peuvent être faits en eau courante; et si aucun veut détourner l'eau pour en faire, il doit vuider l'eau dudit roteur, ensorte que l'eau d'icelui

---

distinguer entre les actes de possession : ils doivent être de telle qualité qu'ils ne puissent avoir été faits qu'en conséquence d'un droit de servitude, comme couper la haie, faire vider ou curer le canal qui traverserait par le fonds du voisin, ou d'avoir fait couler l'eau par-dessus icelui, ce qui ne se peut faire régulièrement sans avoir un droit de servitude. »

Cette doctrine a été consacrée par les articles 641 et 642 du Code civil. Il sera bon de consulter à cet égard la note de la page 68, ainsi qu'un arrêt de la cour de cassation, du 25 août 1812. (Recueil de *Sirey*, tome 12, 1ère partie, page 250.)

(1) Cette prohibition, dit *Basnage*, n'a lieu que pour les fleuves et rivières; car si l'étang ne s'emplissait que de l'eau des fontaines, dont la source serait dans le fonds du propriétaire de cet étang, il pourrait les retenir autant qu'il lui plairait, s'il n'y avait titre au contraire.

Le même auteur ajoute : la Coutume a entendu par les nouveaux étangs, ceux qui étaient faits depuis quarante ans, lorsqu'elle fut réformée. La réformation de la Coutume de Normandie a eu lieu en 1586.

roteur ne puisse retourner au cours de la rivière.

210. Nul ne peut faire construire de nouveau pêcherie ou moulin, si les deux rives de la rivière ne sont assises en son fief (1).

Section 2.

Réglements particuliers.

§ 1. – *Arrêt du Conseil d'Etat du Roi, du 17 octobre 1741, concernant le flottage des bois sur la rivière d'*Andelle (2).

Le Roi....., étant en son conseil, a permis et permet aux nommés *Denize* et *Feré*, adjudicataires de la réserve ci-devant apposée dans les bois de l'abbaye de

---

(1) Les seigneurs étant propriétaires des cours d'eau, non-dépendants du domaine public, avaient seuls autrefois le droit de construire des moulins ; ils l'ont souvent concédé à prix d'argent à des particuliers. Depuis la révolution, ce droit a été acquis à tous ceux qui sont propriétaires des deux rives. (Voir la note de la page 44.)

(2) L'*Epte*, dont les sources sont peu distantes de celles de l'Andelle, avait déjà été rendue flottable dans une partie de son cours, en vertu d'arrêt et lettres-patentes du Roi, des 9 août et 9 septembre 1720. Le flottage commence à *Dangu*, département de l'Eure. (Voir le Recueil des Edits et Arrêts, enregistrés au Parlement de Normandie, tome 13, page 235.)

D'après l'Annuaire statistique du département de la Seine-Inférieure, publié en 1823, il existait sur l'Andelle, moulins à blé, 15 ; filatures, 1.

Beaubec, et aux autres marchands adjudicataires de bois, de faire flotter sur la rivière d'*Andelle*, pour la provision de la ville de Rouen, tous les bois qu'ils ont exploités et qu'ils exploiteront à l'avenir, aux environs de ladite rivière; et ce, nonobstant les défenses portées par le jugement du sieur Savary, grand-maître des eaux et forêts du département de Rouen, du 9 septembre 1741, qui sera, au surplus, exécuté, selon sa forme et teneur, en ce qui n'y est pas contraire au présent arrêt; à la charge néanmoins par lesdits Denize et Feré, et tous ceux qui feront flotter sur ladite rivière, de dédommager les propriétaires des moulins, digues, ponts, pertuis, portes, écluses et héritages, situés sur et le long de ladite rivière, des dommages qu'ils pourront y causer; et ce, conformément aux articles 45 et 46 du titre de la police et conservation des forêts, eaux et rivières, de l'ordonnance des eaux et forêts du mois d'août 1669. Enjoint, Sa Majesté, audit sieur grand-maître et aux officiers des maîtrises particulières de Rouen et Lyons, de tenir, chacun en droit soi, la main à l'exécution dudit présent arrêt, lequel sera, à cet effet, enregistré aux greffes desdites maîtrises, lu, publié, affiché et signifié partout et à qui il appartiendra, et exécuté, nonobstant opposition, clameur de haro, charte normande ou autres empêchements généralement quelconques, pour lesquels ne sera différé, et dont, si aucuns interviennent, Sa Majesté s'en est, et à son conseil, réservé la connaissance, et icelle interdit à toutes ses cours et autres juges (1).

---

(1) Un autre arrêt de 1756, avait permis à MM. les ducs

§ 2. - *Ordonnance du 4 novembre 1767, concernant la rivière* d'Oyson (1).

Louis-Joseph de Mondran, chevalier, conseiller du Roi en ses conseils, grand-maître-enquêteur et général réformateur des eaux et forêts de France, au département de Rouen ;

Vu la requête qui nous a été présentée par les propriétaires des moulins établis sur la rivière d'*Oyson*, maîtrise du Pont-de-l'Arche, contenant que les saignées multipliées que les riverains de ladite rivière y pratiquent, pour arroser leurs prairies, font chômer leurs moulins les trois quarts de l'année, ce qui leur fait un tort considérable, et au public ; qu'un grand nombre de particuliers, possédant des terres le long

---

de Luxembourg et de Montmorency, de faire flotter sur la même rivière, pour l'approvisionnement de la ville de Rouen, les bois de chauffage provenant de la forêt de Bray.

C'est en conséquence de ces deux arrêts que l'Andelle a, depuis lors et jusqu'à-présent, été considérée comme flottable. Le flottage n'a lieu qu'à *bûches perdues*, dans le département de la Seine-Inférieure.

(1) Cette ordonnance a été précédée d'une sentence rendue par la haute-justice d'Elbeuf, le 7 juillet 1719, portant à-peu-près les mêmes prohibitions et injonctions. Elle prescrivait en même-temps aux riverains de donner à la rivière, partout où besoin serait, *une largeur de cinq pieds* et *une profondeur de quatre*.

D'après l'Annuaire statistique du département de la Seine-Inférieure, publié en 1823, il existait, sur la rivière d'Oyson, moulins à blé, 1 ; filatures, 1 ; teintureries, 17.

de ladite rivière, dans lesquelles se trouvent plusieurs sources d'eau, en arrêtent le cours par les rotoirs qu'ils pratiquent sur leurs fonds, d'une profondeur considérable, pour faire rouir leurs lins et leurs chanvres, ce qui est une entreprise contraire au droit public ;

Vû aussi le procès-verbal dressé, sur notre commission, par le maître particulier de la maîtrise du Pont-de-l'Arche, le 5 septembre dernier, qui constate plusieurs entreprises sur ladite rivière ; à quoi voulant pourvoir, nous avons ordonné et statué ce qui suit :

Article 1er. Faisons défenses à toutes personnes, de quelque qualité et condition qu'elles puissent être, de détourner l'eau de la rivière d'*Oyson*, d'en altérer le cours, par tranchées, fossés et canaux ou autrement, à peine, contre les contrevenants, d'être punis comme usurpateurs, et les choses réparées à leurs frais et dépens.

2. Faisons aussi défense d'embarrasser le cours de ladite rivière, par aucuns nouveaux moulins, batardeaux, vannes, écluses, gords, pertuits, plants de pieux, arbres et autres choses, sans permission du Roi ; à peine d'être, lesdits établissements, démolis aux frais et dépens des contrevenants.

3. Faisons défenses de jeter en ladite rivière d'*Oyson*, aucuns fumiers, graviers, charognes, foins, pailles pourries, et autres immondices.

4. Faisons pareillement défenses à toutes personnes de faire rouir, en ladite rivière, aucunes filasses et chanvres, à peine de confiscation et 20 livres d'amende.

5. Enjoignons à tous les meûniers et riverains, chacun en droit soi, de curer ladite rivière dans la quinzaine de la publication de notre présente ordonnance, et de continuer annuellement ; savoir : lesdits

meûniers, au-dessus et au-dessous des pertuits de leurs moulins, dans la distance de vingt toises au moins; et lesdits riverains, dans l'étendue et le long de leurs héritages, à commencer au 1er juin de chaque année, jusqu'au 15 dudit mois; à peine de cinquante livres d'amende, et d'y être pourvu à leurs frais et dépens, à la diligence du procureur du Roi de la maîtrise.

§ 3. – *Déclaration du Roi, du 24 août 1773, concernant l'exercice de la Pêche dans les rivières d'*Eaulne, *de* Béthune, *d'*Arques, *de* Scye *et de* Saanne (1).

Louis, par la grâce de Dieu, etc.

L'ordonnance de 1669 contenant un réglement général de police pour la pêche, il n'a pas été possible d'y insérer des dispositions particulières et propres à chaque pays et à chaque rivière; mais il est de notre

---

(1) D'après l'Annuaire statistique du département de la Seine-Inférieure, en 1823, il existait,

1° Sur la rivière d'Eaulne, moulins à blé, 31; moulins à huile, 3; curanderies, 1.

2° Sur la rivière de Béthune, moulins à blé, 56; moulins à huile, 1; filatures, 2; tanneries, 4.

3° Sur la rivière d'Arques, moulins à blé, 29; moulins à huile, 2; moulins à papier, 5; moulins à tan, 3; filatures, 1; curanderies, 7; tanneries, 16.

4° Sur la rivière de Scye, moulins à blé, 35; moulins à huile, 4; moulins à papier, 1; moulins à tan, 2; filatures, 2; tanneries, 9.

5° Sur la rivière de Saanne, moulins à blé, 42; moulins à huile, 14; moulins à alizari, 1; filatures, 1; curanderies, 2; teintureries, 4; blanchisseries, 5.

justice d'en étendre, changer ou modifier, suivant l'exigence des cas, les dispositions. A ces causes, voulons et nous plaît ce qui suit :

Article 1er. Toutes les pêcheries établies sur les petites rivières d'*Eaulne*, de *Béthune* ou *Neufchâtel*, d'*Arques*, de *Scye* et de *Saanne*, demeureront ouvertes depuis le 15 décembre de chaque année, jusqu'au 1er février suivant : voulons en conséquence que les vannes qui donnent dans ces pêcheries soient exactement fermées pendant ce temps.

2. L'une desdites vannes qui sont au-dessus de ces pêcheries, et donnent dans l'arrière-fossé des moulins à volets ou à aubes, situés sur lesdites rivières, sera et demeurera toujours ouverte pendant ledit temps, pour que la truite ait un libre passage : ne pourra néanmoins, cette disposition, avoir lieu à l'égard des moulins à auges, dont les meûniers auront, comme par le passé, la liberté de tenir leurs vannes fermées.

3. Faisons très-expresses inhibitions et défenses à toutes personnes d'interposer, dans aucun endroit desdites rivières, des grilles, rateliers, filets ou autres engins, de quelque espèce que ce soit, qui puissent empêcher la truite de remonter librement dans toute l'étendue desdites rivières, et d'y frayer.

4. Défendons pareillement, sous les peines portées par l'article 6 du titre de la pêche de l'ordonnance de 1669, à tous pêcheurs de pêcher dans lesdites rivières, depuis ledit jour 15 décembre de chaque année, jusqu'au 1er février suivant inclusivement, nonobstant ce qui est porté par ledit article, auquel nous avons dérogé et dérogeons pour ce regard seulement.

CHAPITRE DEUXIÈME.

NOUVEAUX RÉGLEMENTS.

SECTION I.

Réglements généraux.

Arrêté réglementaire du 6 *février* 1802 (17 pluviôse an 10), *relatif à la fixation du niveau des eaux* (1).

Le Préfet, etc.

Vu les plaintes qui lui ont été portées relativement à l'inégalité d'élévation des déversoirs et des vannes établis sur les rivières et cours d'eau qui circulent dans le département.

La lettre du conseiller-d'état, chargé des ponts et chaussées et de la navigation, en date du 13 frimaire dernier, tendant à la répression de ces abus;

L'instruction du 20 août 1790, qui charge l'autorité administrative de rechercher les moyens d'assurer le

(1) Il existe deux arrêtés de l'administration centrale du département, en date des 29 avril et 23 juin 1798 (11 floréal et 5 messidor an 6), qui déterminent les heures auxquelles pourra avoir lieu l'irrigation des prairies riveraines des cours d'eau; mais comme cette détermination se rapporte au calendrier républicain, ces actes ne doivent plus être considérés comme étant en vigueur.

libre cours des eaux, et d'empêcher la submersion des propriétés riveraines;

La loi du 6 octobre 1791, qui investit la même autorité du droit de fixer la hauteur à laquelle peuvent s'élever les eaux, sans nuire à personne;

Celle du 21 septembre 1792, et l'arrêté du directoire exécutif, du 19 ventôse an 6, contenant des mesures pour assurer le libre cours des rivières et canaux navigables et flottables;

Considérant que la hauteur inégale des déversoirs et des vannes, nuit au libre cours des eaux et à leur juste répartition, parce qu'elle occasionne des refoulements également préjudiciables, soit aux établissements supérieurs, soit aux propriétés voisines, et qu'elle prive de l'usage de l'eau ceux qui ont droit d'y prétendre;

Considérant que le défaut de police, dans la levée et dans l'abaissement des vannes, donne lieu aux mêmes abus;

Considérant enfin que les réglements anciens, et la législation nouvelle, imposent également à l'autorité administrative le devoir d'obvier à ces sortes d'inconvénients et d'en prévenir le retour,

Arrête ce qui suit:

Article 1er. A partir de la publication du présent, la distance du niveau d'eau des rivières et canaux du département de la Seine-Inférieure, sur lesquels il existe des usines, des déversoirs, ou des vannes, à celui des rives naturelles et les moins exhaussées de chaque bassin, ne pourra jamais être moindre de huit centimètres (1).

(1) Le véritable sens de cet article ne peut être douteux.

2. Afin de fixer invariablement cette distance du niveau des eaux à celui des rives, il sera établi dans chaque bassin, au moins un repère aux frais des propriétaires intéressés; ces repères seront fixes et appliqués sur des murs ou autres constructions permanentes, afin qu'en tout temps on puisse vérifier si le niveau d'eau a subi quelques variations; ils seront de préférence placés près des moulins et usines, et leur conservation sera mise sous la responsabilité des propriétaires de ces établissements.

Leur emplacement sera déterminé par l'ingénieur en chef, et constaté par le sous-préfet de l'arrondissement,

---

cependant, puisqu'on l'a méconnu ou feint de le méconnaître, il convient de déclarer ici qu'il n'autorise aucun riverain à usurper une chute de quelqu'importance, en relevant les eaux le long d'une rive dont il n'est pas propriétaire. On n'en peut conclure autre chose, sinon que celui qui construit une usine doit toujours conserver une distance de huit centimètres entre le niveau de la retenue et le point le moins élevé de sa berge.

Ce n'est pas que quelquefois l'autorité chargée par la loi de *diriger les eaux vers un but d'utilité générale*, n'ait autorisé celui qui construisait une usine à réunir à sa chute une pente de quelques centimètres existant le long de la propriété supérieure, lorsque cette pente n'était par elle-même susceptible d'aucun usage. Mais ces sortes d'autorisations ne sont jamais accordées qu'avec beaucoup de circonspection, et lorsqu'il n'en résulte pas pour autrui un préjudice notable. L'administration se dirige alors d'après le même principe qui doit faire admettre ou rejeter, par le juge de paix, une complainte en matière de cours d'eau. (*Traité de la Compétence des Juges de paix*, *chapitre* 26, § 3.)

en présence d'un ingénieur ordinaire, du maire de la commune, et du propriétaire qui sera chargé de leur garde. Le procès-verbal, rédigé triple, sera déposé au greffe du tribunal de première instance, et aux archives de la préfecture et de la sous-préfecture.

3. Tout déversoir qui tiendrait l'eau à un point plus élevé que le niveau légalement déterminé, d'après les dispositions des articles précédents, sera rectifié sous trois jours par le propriétaire.

4. Les vannes actuellement construites, ou celles que l'on pourrait établir, seront coupées et disposées de manière que l'eau n'excède jamais le niveau fixé, suivant les articles 1 et 11, lorsque la vanne mouloire de l'établissement sera baissée.

5. En cas de refus de la part des propriétaires de déversoirs ou de vannes, d'exécuter les rectifications prononcées par les articles 3 et 4, le maire y fera procéder à leurs frais, immédiatement après le placement des repères prescrits par l'article 2.

6. S'il survenait une crue d'eau accidentelle ou extraordinaire, les propriétaires de vannes pourront en lever une ou deux, suivant l'abondance des eaux survenues, pourvu toutefois que le niveau fixé par le repère le plus voisin n'éprouve aucune variation.

7. Les ingénieurs d'arrondissement dirigeront la rectification des déversoirs et vannes actuellement existants, et la construction de ceux dont on pourra, dans la suite, autoriser l'établissement.

8. Le lit des rivières et des canaux sera curé par les propriétaires riverains, deux fois l'année; savoir, dans les premiers jours de prairial et dans les derniers jours de fructidor; néanmoins, s'il était d'usage habituel de

ne curer le lit d'une rivière qu'une fois l'an, et que ce curage unique soit reconnu suffisant pour assurer le libre cours des eaux, il ne serait point exécuté de second curage à l'époque de fructidor.

9. Dans le cas où un propriétaire riverain négligerait ou refuserait de se conformer aux dispositions de l'article précédent, le maire fera curer, à ses frais, le long de sa propriété; le rôle de dépense, dûment arrêté, sera transmis au préfet pour être rendu exécutoire, et le débiteur poursuivi, le cas échéant, par voie de contrainte, comme pour le paiement des contributions.

10. Les propriétaires d'usines ou moulins ne pourront assécher leur béal ou bassin qu'aux époques fixées par l'article 8, pour le curement des rivières et cours d'eau.

11. Les propriétaires riverains ne pourront se permettre de relever le niveau des eaux, et de faire des saignées ou rigoles le long des cours d'eau sur lesquels il se trouve des usines, sans y avoir été autorisés par un titre bien constaté; ceux même qui jouiront de ce droit, ne pourront en user pour l'irrigation des prairies, ou tout autre cas, qu'aux jours qui seront fixés par les sous-préfets, sur l'avis des conseils des communes, à moins qu'ils ne justifient de titres contraires.

12. Il sera établi, aux frais des propriétaires d'usines, des gardes-champêtres, choisis parmi des militaires vétérans, pour surveiller l'exécution des lois, des réglements et du présent arrêté.

13. Le présent arrêté ne sera mis à exécution qu'après avoir reçu la sanction du ministre de l'intérieur(1).

Arrêté réglementaire du 6 juin 1820, relatif au curage des cours d'eau.

Nous, Maître des Requêtes au conseil-d'état, etc.

Vu la loi du 4 mai 1803 (18 floréal an 14), relative au curage des canaux et rivières non navigables;

Vu l'article 8 de l'arrêté réglementaire d'un de nos prédécesseurs, en date du 6 février 1802 (17 pluviôse an 10);

Vu la lettre qui nous a été adressée le 24 mai dernier, par M. le directeur général de l'administration départementale, et de laquelle il résulte que le comité de l'intérieur du conseil-d'état, consulté sur la question de savoir si, nonobstant les dernières lois de finances, la loi du 4 mai 1805 (14 floréal an 11), pouvait recevoir son exécution, a exprimé l'avis, « que ce serait » sans fondement qu'on induirait des dernières lois de » finances l'abrogation d'aucune des dispositions de » cette loi, attendu qu'aucun des objets que celle-ci » a en vue n'a le caractère d'une contribution publi- » que; »

Considérant que le curage des cours d'eau est une disposition d'ordre public, et qu'il appartient à l'admi-

---

(1) Cet arrêté a été approuvé par le ministre de l'intérieur, le 18 mai 1802 (28 floréal an 10.)

nistration d'ordonner aux riverains de l'opérer à leurs frais, chacun au-devant de sa propriété;

Arrêtons ce qui suit:

Art. 1er. Toutes les fois qu'il sera question d'opérer le curage d'un cours d'eau, conformément à l'article 8 de l'arrêté du 6 février 1802 (17 pluviôse an 10), les conseils municipaux des communes, dont il traverse le territoire, seront appelés à établir un rôle indiquant:

1° Le nom de chaque propriétaire riverain;

2° L'étendue de sa propriété;

3° Le nombre présumé de journées de travail nécessaire pour opérer le curage au droit de cette propriété;

4° Le prix de chaque journée de travail.

Il nous sera adressé une copie authentique de ce rôle et de la délibération y relative.

2. Après que ledit rôle aura été revêtu de notre homologation, le sous-préfet de l'arrondissement déterminera, par un arrêté, le délai dans lequel le curage devra être exécuté dans chacune des communes riveraines.

3. Les maires desdites communes notifieront à chaque propriétaire riverain l'extrait qui le concerne du rôle dont il est fait mention en l'article premier, avec l'invitation de curer dans le délai déterminé. Ces notifications écrites seront faites par le garde-champêtre, qui en conservera un double, au bas duquel sera le récépissé du propriétaire, ou le procès-verbal constatant la notification.

4. A l'expiration du délai, le maire, accompagné

d'un des membres du conseil municipal, se rendra sur les lieux pour constater, par procès-verbal, les négligences ou refus d'obtempérer à l'invitation faite en exécution de l'article précédent. Immédiatement après la clôture de ce procès-verbal, il préposera des ouvriers pour exécuter les travaux en retard.

5. Il sera passé au besoin, pour procurer plus sûrement l'exécution desdits travaux, une adjudication au rabais en présence du maire, et de deux membres du conseil municipal, sur une mise à prix déterminée par la valeur donnée à la journée de travail, conformément à l'article premier du présent arrêté.

6. La réception des travaux, ainsi exécutés d'office, sera faite par le maire, qui, toujours assisté d'un membre du conseil municipal, dressera procès-verbal de cette réception.

7. Le montant des frais occasionnés par l'exécution des mesures prescrites par les articles 4 et 5, sera réparti entre les propriétaires qui n'auront point fait curer la partie de rivière qui traverse leurs propriétés, cette répartition sera faite d'après les bases indiquées dans l'article premier; et le rôle nous en sera ensuite adressé, avec toutes les pièces à l'appui, pour être par nous rendu exécutoire, s'il y a lieu, conformément à l'article 3 de la loi du 4 mai 1803 (14 floréal an 11).

Arrêté réglementaire du 28 mars 1821, concernant les formalités à remplir pour construire des Usines, faire des Prises d'eau, établir des Vannages et Barrages, dans l'intérêt de l'agriculture ou de l'industrie, sur les rivières et cours d'eau.

Nous Préfet, etc.

Vu la loi des 4, 6 et 11 août-21 septembre 1789, qui, en abolissant la féodalité, a établi de nouvelles règles sur la propriété et l'usage des eaux courantes.

Vu l'instruction du 12-20 août 1790, qui charge les autorités administratives, « de rechercher et d'indiquer » les moyens de procurer le libre cours des eaux, d'em» pêcher que les prairies ne soient submergées par la » trop grande élévation des écluses des moulins, et des » autres ouvrages d'arts établis sur les rivières; *de diri» ger enfin*, autant que possible, *toutes les eaux vers » un but d'utilité générale, d'après les principes de l'ir» rigation.* »

Vu l'art. 16, titre 2, de la loi du 28 septembre-6 octobre 1791, portant que « les propriétaires ou fermiers » des moulins et usines, construits ou à construire, » seront forcés de tenir les eaux à une hauteur qui ne » nuise à personne, et qui sera fixée par le directoire » du département (*le Préfet*), sur l'avis du directoire » de district (*du sous-préfet*); »

Vu les articles 538, 644 et 645 du Code civil, desquels résulte la division des eaux courantes en deux classes; l'une comprenant les rivières navigables ou flottables, qui font partie du domaine public; l'autre, tous les autres cours d'eau dont l'usage appartient aux riverains, sous la réserve que cet usage doit être, dans l'intérêt des propriétaires des fonds supérieurs ou inférieurs ; soumis à la surveillance et à la direction de l'administration ;

Vu l'arrêté du gouvernement du 9 mars 1798 (19 ventôse an 6), contenant des mesures pour assurer le libre cours des rivières navigables et flottables, et l'instruction ministérielle du 6 août suivant (19 thermidor), concernant l'exécution dudit arrêté ;

Vu les divers actes du gouvernement, et notamment l'arrêté du 21 décembre 1802 (30 frimaire an 11), celui du 17 février 1803, (28 pluviôse an 11), le décret du 2 février 1808, celui du 12 novembre 1811, et enfin celui du 2 juillet 1812, desquels il résulte que la surveillance générale des cours d'eau non navigables ni flottables, ainsi que le droit d'y autoriser des constructions et ouvrages d'art, appartient à l'autorité administrative ;

Considérant que les demandes en autorisation de former sur les cours d'eau qui arrosent ce département, des établissements hydrauliques, ou d'y exécuter divers travaux, soit dans l'intérêt de l'industrie, soit dans celui de l'agriculture, sont devenues très-multipliées depuis quelques années ;

Considérant que ces demandes, et les travaux qui en sont la suite, donnent souvent lieu à des difficultés qu'il importe de prévenir, et qu'à cet effet il est utile de prescrire des règles assez positives et assez complètes pour que l'on puisse désormais déterminer plus facilement la compétence, et fixer la limite des droits de l'autorité chargée de statuer ;

Avons arrêté et arrêtons les dispositions suivantes :

TITRE PREMIER.

Dispositions préliminaires.

Art. 1er. Toutes demandes tendantes à établir, sur un cours d'eau, une nouvelle usine, à modifier le système extérieur d'une usine déjà existante, à construire ou reconstruire des vannages ou barrages, à pratiquer un canal de dérivation, ou augmenter le volume d'une prise d'eau, etc., etc., etc., nous seront directement adressées.

2. Ces demandes devront énoncer d'une manière détaillée :

1° Le nom de la commune et du cours d'eau où la construction doit avoir lieu ;

2° Quels changements présumés l'exécution du projet doit apporter au niveau des eaux, soit en amont, soit en aval de la construction ;

3° A quel usage *habituel* ou *accidentel*, elle est destinée ;

4° Quel doit être, s'il s'agit d'un canal de dérivation, le volume d'eau détourné de son lit principal.

3. A chacune de ces demandes sera joint un certificat du maire de la commune, constatant que le pétitionnaire est propriétaire, ou a obtenu le consentement *écrit* du propriétaire du sol sur lequel il veut construire, et des deux rives sur lesquelles il a le projet d'asseoir les extrémités des digues, barrages, déversoirs, culées de pont, bajoyers d'écluses, et tous autres ouvrages quelconques.

4. Chaque demande sera imprimée aux frais des pétitionnaires, et affichée pendant un mois dans la com-

mune où l'exécution doit avoir lieu, et dans les communes limitrophes, à la diligence du maire desdites communes.

5. A l'expiration de ce délai, les maires desdites communes nous adresseront, avec un certificat constatant que l'affiche a eu lieu, les oppositions qui leur auraient été remises contre l'établissement projeté.

6. Chaque demande sera de suite communiquée immédiatement avec les pièces mentionnées aux articles 3 et 5, à l'ingénieur en chef des ponts et chaussées, chargé d'envoyer un ingénieur ordinaire sur les lieux.

TITRE II.

Visite et Travail des Ingénieurs.

7. L'ingénieur ordinaire chargé de l'instruction, préviendra, au moins dix jours à l'avance, le maire de la commune, du jour où il se rendra sur les lieux; il lui indiquera en même-temps les noms et résidences des signataires des oppositions qui auraient été produites, en exécution de l'article. 5.

8. Le maire fera, sans délai, parvenir à ceux-ci, et en général à tous autres intéressés *de lui connus*, des avertissements écrits, pour qu'ils assistent à la visite aux jour et heure indiqués. L'envoi de ces avertissements aura lieu, le cas échéant, aux frais du pétitionnaire.

Dans tout état de choses, ce fonctionnaire fera en outre afficher un avis, afin que le public soit également instruit du jour où l'ingénieur devra se rendre dans la commune.

9. L'ingénieur procédera à la visite des lieux, en

présence du maire ; à son défaut, de l'adjoint ou d'un membre du conseil municipal, et de tous les intéressés qui se seront rendus aux avertissements donnés en exécution de l'article précédent.

Il reconnaîtra l'état et les dimensions des ouvrages déjà existants, et requerra le pétitionnaire de lui exhiber l'autorisation en vertu de laquelle ils ont été exécutés, ainsi que les titres qui lui en assurent la conservation.

Il choisira, pour repère provisoire, un point invariable, visible, et facilement accessible, auquel seront rapportés tous les nivellements qu'il aura dû prendre pour constater la pente des eaux, entre les points où leur niveau doit être changé, et toutes les expériences qu'il aura été nécessaire de faire pour rendre sensible l'effet des constructions projetées.

10. Toutes les opérations auxquelles se sera livré l'ingénieur, toutes les remarques qu'il aura faites sur les localités seront indiquées d'une manière circontanciée dans un procès-verbal que le maire et les intéressés, présents à la visite, seront invités à signer, après lecture faite, et où ces derniers seront admis à consigner sommairement leurs oppositions, s'ils n'en avaient pas encore produit.

En cas de refus de quelques-uns d'eux, il en sera fait mention.

11. Il sera dressé, sur une échelle de *un millimètre* pour *mètre*, un plan qui embrasse non-seulement toute l'étendue de la rivière où l'effet de la retenue des eaux serait sensible, mais encore un espace de cinquante mètres, tant en amont qu'en aval. Les usines d'un et d'autre côté dont les propriétaires se seraient opposés à la cons-

truction projetée, seront indiquées sur ce plan, ainsi que tous chemins, digues, murs, ponts, etc., auxquels pourraient être préjudiciables l'élévation ou l'abaissement des eaux.

Seront d'ailleurs inscrits au plan les noms de tous les propriétaires des deux rives et des îles du cours d'eau, avec l'indication des lignes séparatives de chaque propriété et des différents genres de culture ou d'exploitation.

12. Les nivellement et profil de la partie du cours d'eau rapportée au plan seront tracés sur une échelle de *un millimètre pour mètre*, quant aux longueurs; et de *un centimètre pour mètre*, quant aux hauteurs. Les profils en travers seront pris de préférence sur les points qui donneraient lieu à quelque litige et tracés, sauf les exceptions nécessaires, sur cette dernière échelle; elle sera également employée pour dessiner séparément, et avec plus de détails, les vannes, déversoirs, et autres ouvrages d'art qui constituent le système extérieur des usines.

13. Les profils des terrains et du cours d'eau pris en longueur et en travers, devront être cotés; les hauteurs d'eau observées lors de la visite, les nouvelles hauteurs auxquelles donneraient lieu les constructions projetées, seront distinctement indiquées par deux teintes de couleur différente.

14. Le plan achevé, l'ingénieur ordinaire s'occupera de rédiger un rapport où, selon les circonstances, il concluera, soit à rejeter la demande qui aura fait l'objet de son travail, soit à l'admettre avec ou sans modifications.

Seront indiquées dans ce rapport, comparativement

au repère provisoire dont il est fait mention en l'article 9, la hauteur d'eau du la retenue, celle des déversoirs, des vannes, des seuils, du fond du coursier à l'aplomb de la roue, etc., ainsi que les dimensions de ces divers ouvrages.

15. Afin de procurer constamment aux eaux un libre débouché, l'ingénieur proposera toujours qu'il soit placé à côté de la vanne motrice une vanne dite de chômage, dont les dimensions seront calculées de manière qu'elles fassent toutes deux le même produit. Ces vannes seront liées entre elles par une bascule, tellement que l'une s'abaisse lorsque l'autre s'élève.

Le rapport de l'ingénieur ordinaire, les feuilles de plan et nivellement, ainsi que le procès-verbal de visite des lieux, seront adressés à l'ingénieur en chef dans un délai de trois mois au plus tard, à compter du jour où celui-ci aura reçu en communication les pièces mentionnées en l'article 6, sauf les cas où quelques circonstances particulières, et dont il nous sera rendu compte, autoriseraient la prolongation de ce délai.

L'ingénieur en chef nous adressera le tout avec son rapport particulier.

TITRE III.

Instruction administrative, et Décision.

17. Toutes les pièces mentionnées aux articles 2, 3, 5, 10, 11, 12, 14 et 16, seront adressées, soit directement, soit par l'intermédiaire du sous-préfet, au maire de la commune où la construction projetée doit avoir lieu.

Ce fonctionnaire avertira le public par une affiche,

et préviendra en particulier, et par écrit, chacun des intéressés, que lesdites pièces demeurent déposées au secrétariat de la mairie, pendant un délai qui ne pourra excéder un mois, ni être moindre de quinze jours. Il les invitera à venir en prendre connaissance, sans déplacer, afin de pouvoir développer les motifs d'opposition qu'ils auraient indiqués lors de la rédaction du procès-verbal de visite du lieu.

18. A l'expiration du susdit délai, le maire renverra au sous-préfet, dans les arrondissements autres que celui de Rouen, les pièces qui lui auront été adressées en dépôt. Il y joindra les observations qui auraient pu lui être remises.

Le sous-préfet nous fera parvenir le tout avec son avis.

19. Ces formalités remplies, si parmi les oppositions il en existe de fondées, soit sur des titres, soit sur une longue possession qui constitue un droit acquis, il sera sursis à statuer administrativement, et les parties seront renvoyées devant les tribunaux pour faire juger lesdites oppositions.

S'il n'y a pas eu d'oppositions de la nature ci-dessus indiquée, ou qu'il en ait été donné main-levée, il sera définitivement statué, soit sur notre proposition par l'autorité supérieure, s'il s'agit de l'établissement d'une usine nouvelle ou de constructions qui apporteraient quelques changements au niveau des eaux; soit par nous, s'il ne s'agit que de simples modifications à des usines ou constructions déjà autorisées.

20. Néanmoins, dans les cas même où le pétitionnaire aurait obtenu les fins de sa demande, l'autorisation accordée ne pourra être considérée, comme définitive,

qu'après qu'il aura été constaté par un procès-verbal, en bonne et due forme, que toutes les conditions prescrites par l'acte énonçant ladite autorisation, ont été exactement remplies. La rédaction du procès-verbal appartient à l'ingénieur ordinaire qui a visité les lieux.

21. Pour l'exécution de la précédente diposition, le pétitionnaire sera tenu d'avertir directement cet ingénieur de l'entière exécution de ses travaux. Celui-ci se transportera sur les lieux, pour en faire les *vérification et réception*.

22. Dans le cas où, par la négligence du pétitionnaire, l'avertissement dont il vient d'être fait mention, n'aurait point été donné dans le délai déterminé par l'acte d'autorisation, il sera tenu de suspendre provisoirement, et *jusqu'à plus ample informé*, l'usage de ses constructions, si elles occasionnent quelques plaintes. En un mot, il ne pourra se prévaloir de ladite autorisation, comme d'un titre qui lui donne *droit de possession*.

23. Chaque procès-verbal de *vérification* et *réception* sera rédigé en présence de l'autorité locale et des intéressés, dûment appelés, et ainsi qu'il est dit aux articles 8, 9 et 10 du présent arrêté.

Il contiendra une description exacte de tous les ouvrages composant le système extérieur des constructions exécutées; de telle sorte que ce système soit invariablement déterminé.

Il énoncera le placement, aux points *indiqués*, de repères en pierres, correspondants au repère provisoire mentionné en l'article 9: ces repères seront gradués, et de la forme usitée dans le département; ils serviront à fixer d'une manière apparente la plus grande hauteur des eaux.

24. Tout procès-verbal, ainsi rédigé, nous sera transmis en original, accompagné de trois copies, où seront simplement relatées les signatures.

L'original restera déposé aux archives de la préfecture, après avoir été revêtu, s'il y a lieu, de notre approbation. Une des trois expéditions sera transmise, certifiée conforme, à l'ingénieur en chef; une autre au maire de la commune où les constructions auront eu lieu; la troisième au pétitionnaire (1).

TITRE IV.

Frais et Honoraires des Ingénieurs.

25. M. L'ingénieur en chef nous adressera, avec son travail et celui de l'ingénieur ordinaire, les états de frais et honoraires auxquels aura donné lieu l'exécu-

(1) Pour que le réglement du 28 mars 1821 pût être considéré comme complet, il serait nécessaire que le titre 3 fût terminé par un article qui exprimât la disposition ci-après :

« Si le concessionnaire a trangressé les conditions qui lui étaient imposées, soit en n'exécutant pas certains ouvrages prescrits, soit en entreprenant certains ouvrages non-autorisés par l'acte de concession, il sera requis de se conformer audit acte, dans un bref délai; les refus ou négligence d'obtempérer seront constatés par un procès-verbal de l'ingénieur, assisté du maire; après quoi nous prescrirons, soit la mise en chômage provisoire de la construction irrégulièrement faite, soit même la destruction des travaux. »

« Dans ce dernier cas, le salaire des ouvriers préposés à cette destruction, sous la direction des ingénieurs, et les autres frais accessoires, seront réglés et recouvrés, ainsi qu'il est dit dans le titre ci-après. »

tion des dispositions du titre 3 du premier réglement. Ces états comprendront, séparément calculés sur les bases déterminées par M. le directeur-général des ponts et chaussées,

1° Les frais de voyage et de séjour sur les lieux qu'auront occasionnés les opérations auxquelles ont dû se livrer les ingénieurs ;

2° Les honoraires, par eux réclamés, pour l'emploi de leur temps.

26. Les états des frais et honoraires seront par nous rendus exécutoires, conformément à l'article 75 du décret du 25 août 1804 (7 fructidor an 12), sur le demandeur, qui sera tenu d'en acquitter le montant dans le délai de quinze jours, sous peine d'y être contraint comme en matière de contributions publiques. Il sera fondé à en répéter ultérieurement le remboursement auprès de qui de droit, selon la décision définitive qui interviendra.

TITRE V.

Dispositions générales.

28. Les dispositions prescrites par l'arrêté réglementaire de notre prédécesseur, du 6 février 1802 (17 pluviôse an 10), inséré au tome 3 du Recueil administratif, n° 22, page 177, continueront d'être observées, sauf les modifications résultant de l'arrêté du 6 juin 1820, inséré au n° 27 du même Recueil, page 276, relatif au curage des cours d'eau.

Arrêté du 7 octobre 1824, concernant les déclarations qui doivent accompagner les demandes en autorisation de former des usines nouvelles, ou d'apporter quelques modifications à d'anciennes usines.

Nous, conseiller d'état, Préfet, etc.

Vu notre arrêté réglementaire, du 28 mars 1821, relatif aux formalités à remplir pour construire des usines, faire des prises d'eau, établir des vannages et barrages dans l'intérêt de l'agriculture ou de l'industrie, sur les rivières et cours d'eau;

Vu notamment les articles 2 et 9 dudit arrêté;

Considérant que les conséquences des demandes formées dans l'un des objets ci-dessus indiqués, ne peuvent être bien appréciées qu'autant que les personnes chargées d'en faire l'examen savent, s'il existe des établissements à peu de distance, en amont ou en aval, du point où doivent être placés ceux dont la construction est projetée, ou si les établissements auxquels doivent être apportés quelques modifications ont une existence légale;

Qu'il est surtout nécessaire que les ingénieurs reçoivent de semblables indications avant de se rendre sur les lieux; à défaut de quoi ils se trouvent exposés à des déplacements souvent inutiles, ou trop longtemps prolongés;

Considérant qu'il est tout-à-la-fois dans l'intérêt de l'administration générale, et dans celui des administrés eux-mêmes, d'économiser le temps et de simplifier autant que possible les occupations de ces agents;

Avons arrêté ce qui suit:

Article 1er. A l'avenir, tout particulier qui sollicitera l'autorisation de former, sur une des rivières de ce département, un établissement quelconque qui doive changer le régime habituel des eaux, sera tenu,

1° S'il s'agit de construire un moulin, un vannage, un barrage nouveau, d'indiquer les établissements hydrauliques placés immédiatement en amont et en aval, la nature de ces établissements, les noms des propriétaires et des occupants, et autant que possible, la date de l'acte administratif en vertu duquel ils existent, s'ils ont été autorisés conformément à la législation actuelle;

2° S'il s'agit de modifier le système d'un moulin, d'un vannage, d'un barrage déjà existant, de fournir une copie, ou au moins la date de l'acte administratif qui en a autorisé l'établissement, et d'indiquer les noms des propriétaires et occupants à l'époque où cette autorisation a été sollicitée.

2. Ces productions et indications sont indépendantes de celles que prescrit l'article 2 de l'arrêté du 28 mars 1821, qui est maintenu dans toutes ses dispositions.

3. Il ne sera donné aucune suite aux demandes qui ne seraient point appuyées des documents ci-dessus indiqués.

Section 2.

Réglements particuliers.

§ 1. - *Arrêté du 15 mai 1803 (24 ventôse an 13), concernant l'irrigation des prairies riveraines des cours d'eau* (1) *existant dans les communes de Blainville-Crevon, Fontaine-Châtel et autres.*

Nous, préfet, etc.

Vu la pétition présentée par les propriétaires des moulins établis sur les cours d'eau existant dans les communes *de Fontaine-Châtel, Crevon* et *Blainville*, tendant à faire fixer le mode d'irrigation des prairies, pour mettre un terme aux abus qui se commettent journellement.

Le rapport de l'ingénieur de l'arrondissement de Rouen, du 15 nivôse an 12.

Le plan des localités.

Les avis des maires des communes ci-dessus dési-

(1) Ces cours d'eau sont au nombre de trois principaux, connus sous les dénominations de *rivière du Chef-de-l'Eau*, *rivière de Crevon*, et *rivière de Fontaine-Châtel.*

D'après l'Annuaire statistique du département de la Seine-Inférieure, publié en 1823, il existait,

1° Sur la rivière du Chef-de-l'Eau, moulins à blé, 5.

2° Sur la rivière de Crevon, moulins à blé, 10; filatures, 1.

gnées, qui ont été consultés sur la réclamation dont il s'agit ;

Les lois des 16-24 août 1790, 28 septembre-6 octobre 1791, et 21 septembre 1792.

Le réglement du 17 pluviôse an 10, qui assure la police des eaux dans le département.

Les articles 644 et 645 du Code civil, titre 4, chapitre premier.

Considérant que le moyen de faire cesser les réclamations formées par les propriétaires d'usines contre les propriétaires de prairies, est de fixer d'une manière invariable l'époque et la durée des irrigations ;

Qu'aux termes des articles du code civil ci-dessus cités, l'intérêt de l'agriculture doit être concilié avec le respect dû à la propriété, et que dans tous les cas, les réglements particuliers et locaux sur le cours et l'usage des eaux, doivent être observés ;

Qu'il n'existe point dans les communes de Fontaine-Châtel, Crevon et Blainville, de réglement pour l'irrigation des prairies ;

Considérant enfin que l'usage de retenir les eaux pour l'irrigation des prairies dans les communes précitées, pendant trente-six heures, était anciennement fixé à trente-six heures par semaine.

Arrête ce qui suit :

Article 1er. Toutes les vannes d'irrigation pratiquées, tant sur le sol des communes ci-dessus désignées, que sur celui des communes de *Salmonville-la-Rivière*, *Catenay* et *Saint-Arnoult*, seront ouvertes le samedi de chaque semaine, immédiatement après le coucher du soleil, et seront fermées le lundi à son lever.

2. Cependant s'il survenait, dans le cours de la se-

maine, quelque crue d'eau accidentelle ou extraordinaire, il serait ouvert un nombre suffisant de vannes pour faciliter l'écoulement des eaux, en se conformant à ce que prescrit l'article 6 du réglement du 17 pluviôse an 10, ci-dessus visé.

3. Pour assurer l'exécution des articles précédents, il sera nommé par le préfet, sur la présentation des conseils municipaux de chaque commune, trois gardes champêtres, savoir :

Un pour les vannages établis sur le territoire des communes de Fontaine-Châtel et Salmonville-la-Rivière, jusqu'au-dessus du moulin de Crevon.

Un autre pour tous ceux établis établis au-dessous de ce moulin et au-dessus de celui de Blainville, sur le territoire des deux communes de Crevon et Blainville.

Et un troisième pour tous ceux établis au-dessous du moulin de Blainville, sur le territoire de Blainville, Catenay et Saint-Arnoult.

4. En proposant la nomination de ces gardes, les conseils municipaux indiqueront le traitement qu'il convient de leur allouer. Ils prendront à cet effet une délibération, et dresseront, chaque année, un rôle dans lequel les divers propriétaires de prairies seront cotisés en raison du nombre d'hectares de prairies que chacun d'eux possède.

Ce rôle sera soumis au préfet pour être rendu exécutoire, et le recouvrement en sera poursuivi de la même manière que celui des contributions.

5. En cas de contestations sur l'exécution du présent réglement, les parties se pourvoiront d'abord

par-devant le juge de paix du canton, qui prononcera sans appel jusqu'à la concurrence de 50 francs, conformément à la loi du 16-24 août 1790.

Réglement du 19 novembre 1807, concernant l'irrigation des prairies situées au-dessus du moulin de Crevon.

Nous, préfet, etc.

Vu les pétitions qui nous ont été présentées par un certain nombre de propriétaires de prairies situées au-dessous du moulin de *Crevon*, pour se plaindre des fréquentes difficultés qu'élève le propriétaire de cette usine, sous le prétexte d'un prétendu refoulement des eaux de la rivière de Blainville, sous la roue de son moulin; pourquoi ces pétitionnaires demandent qu'il soit placé des repères pour indiquer quelle pourra être la plus grande élévation des eaux, etc.

Ordonnons ce qui suit :

Article 1er. Pour l'arrosement des prairies situées entre le moulin de Crevon et les vannages qui existent à 334 mètres au-dessous, ces mêmes vannages continueront d'être entièrement fermés pendant trente-six heures, depuis le samedi six heures du soir jusqu'au lundi six heures du matin, et ce à dater du 15 mars jusqu'au 24 juin de chaque année, conformément à l'usage suivi de temps immémorial.

2. Pendant le même temps, et pour l'irrigation des prairies qui se trouvent au-dessous des vannages sur la rive gauche de la rivière, la vanne qui se trouve de ce côté sera seule ouverte pendant quarante-huit heures, c'est-à-dire depuis le lundi six heures du matin jusqu'au mercredi à la même heure.

3. Pour l'irrigation des prairies situées aussi au-dessous des vannages, et sur la rive droite de la rivière, la vanne qui est de ce côté sera seule ouverte pendant quatre-vingt-quatre heures, c'est-à-dire depuis le mercredi six heures du matin jusqu'au samedi six heures du soir.

4. Les propriétaires des prairies seront tenus, avant tout, de faire couper non-seulement le vannage perpendiculaire au lit naturel de la rivière, mais encore les vannes latérales, de manière à ce que les eaux ne soient soutenues qu'à un mètre soixante-quatre centimètres au-dessous de la surface inférieure du chapeau des quatre vannes, et quatre-vingt-quinze centimètres au-dessus de leur seuil, conformément au repère tracé provisoirement par l'ingénieur employé dans l'arrondissement de Rouen, sur le poteau montant du vannage.

Ce repère est définitif.

5. Les propriétaires de prairies auront néanmoins la faculté de placer des planches mobiles pour retenir les eaux, depuis le samedi soir jusqu'au lundi matin, et obtenir par ce moyen l'arrosement des prairies situées entre le moulin de Crevon et les vannages, ainsi qu'il est dit en l'article 1er.

6. Le garde-rigoleur sera tenu, et surtout dans les temps de pluie, de lever les vannes de décharges en proportion de la crue des eaux, et de telle sorte que leur surface n'excède jamais le repère tracé par l'ingénieur, excepté pendant le temps où toutes les vannes peuvent être fermées.

7. Les dispositions de l'arrêté du 24 ventôse an 13, qui seraient contraires à la présente ordonnance, sont rapportées.

§ 2. – *Arrêté du 22 novembre 1806, concernant la police de la rivière de* Clérette (1).

Nous, préfet, etc.

Vu les plaintes qui nous sont parvenues sur le tort que causent à diverses manufactures établies sur la rivière de *Clérette*, vallée de Déville, les résidus des cuves des teinturiers, que ceux-ci jettent dans le cours des eaux, à tous jours et heures.

Vu les anciens réglements, et notamment l'édit de 1583, qui défendent, sous peine d'amende, de jeter dans les eaux des immondices qui peuvent, ou les corrompre ou en entraver le cours.

La loi du 12 septembre 1792, portant que, jusqu'à ce qu'il en ait été autrement ordonné, les lois non-abrogées seront provisoirement exécutées.

L'article 15 de la loi du 28 septembre-6 octobre 1791, portant que personne ne peut transmettre à son voisin les eaux d'une manière nuisible.

L'instruction du ministre de l'intérieur, en date du 19 thermidor an 6, de laquelle il résulte que le gouvernement s'est réservé le droit de faire, en tout temps, les dispositions qui lui paraîtront utiles pour la prospérité du commerce et de l'industrie.

Considérant qu'il est de l'intérêt public de soumettre le régime des eaux à une police administrative, qui

(1) D'après l'Annuaire statistique du département de la Seine-Inférieure, publié en 1823, il existait sur la Clérette, moulins à alizari, 1 ; moulins à tan, 2 ; filatures, 2 ; imprimeries de toiles peintes, 1.

en coordonne l'usage de manière à concilier les intérêts respectifs des diverses branches de l'industrie;

Que s'il est juste d'accorder protection à l'art de la teinture, si important pour les fabriques, il ne l'est pas moins de s'opposer à ce que l'exercice de cet art porte préjudice aux autres établissements;

Qu'il existe sur la rivière de *Clérette* des manufactures de toiles peintes, et que lorsque ces toiles trempent dans le cours des eaux, elles sont endommagées par les résidus des teintures voisines, si on les jette dans la rivière dans un moment inopportun;

Que l'inconvénient qu'il s'agit de faire disparaître se reproduit dans les eaux de *Clérette*, d'autant plus que leur volume est moins considérable;

Qu'enfin, il est possible de concilier l'intérêt de ces deux industries, sans qu'elles se nuisent réciproquement;

Ordonnons ce qui suit:

Article 1er. A partir du premier janvier, nul teinturier établi sur les eaux de la rivière de *Clérette*, ne pourra jeter dans son cours les résidus de ses cuves avant la fin du jour, ni après le lever du soleil. Cette défense est applicable à toute autre espèce de résidus ou immondices qui pourraient provenir des autres fabriques, ou même des propriétés particulières.

2. Les heures fixées pour le commencement et la fin de la journée des ouvriers, seront en toute saison, réputées celles du lever et du coucher du soleil.

3. Les infractions au présent réglement, pourront être constatées, soit par les officiers de police et les gardes-champêtres et de rivière, soit par la preuve testimoniale.

4. Elles seront dénoncées au juge de paix du canton, qui prononcera, outre l'amende de simple police, des dommages et intérêts contre les délinquants.

5. Le réglement pourra être déclaré par l'administration applicable aux autres rivières et cours d'eau, quand l'intérêt de l'industrie l'exigera.

6. Le présent réglement sera soumis à l'approbation de S. Exc. le ministre de l'intérieur. (1)

Arrêté du 16 *février* 1813, *qui modifie, à certains égards, celui du* 22 *novembre* 1806, *concernant la* Clérette.

Nous, préfet, etc.

Vu la lettre en date du 11 de ce mois, par laquelle M. le conseiller d'état nous notifie la décision rendue par S. Exc. le ministre de l'intérieur, en conséquence du décret impérial du 2 juillet 1812, pour régler, sous le rapport de l'exploitation des diverses branches d'industrie, la jouissance des eaux de la rivière de *Clérette*, et nous charge de la notifier et de la publier pour en assurer l'exécution.

Considérant que la décision de S. Exc. apporte au réglement du 22 novembre 1806, des modifications qu'il importe de faire connaître officiellement aux autorités locales et aux parties intéressées,

Arrêtons ce qui suit :

Article 1er. Le réglement du 22 novembre 1806,

(1) Cet arrêté avait été approuvé par décision du ministre, du 12 décembre 1806. Depuis il a subi quelques modifications.

relatif à l'usage et à la jouissance des eaux de la rivière de *Clérette*, est modifié, par la décision de S. Exc. le Ministre de l'intérieur, ainsi qu'il suit :

2. A dater du 16 février 1813, le lavage des cotons sortant des cuves à teinture ne pourra commencer, sur la rivière de *Clérette*, que deux heures avant le soleil couché, ni se prolonger au-delà de dix heures du soir.

3. Les bassins de cuves à teinture devront être vidés de neuf à dix heures du soir, et, hors cet intervalle, l'on ne pourra jeter dans les eaux de la *Clérette* aucun résidu ou immondice provenant de fabriques ou même des propriétés particulières.

4. L'horloge de Déville réglera les heures prescrites par les articles 2 et 3.

5. Les articles 3, 4 et 5 du réglement du 22 novembre 1806 sont maintenus dans toutes leurs dispositions.

§ 3. – *Arrêté concernant l'irrigation des prairies qui bordent les rivières d'*Aubette *et de* Robec (1).

Nous, préfet, etc.

Vu les réclamations des divers propriétaires et manufacturiers, par laquelle ils se plaignent des pertes

---

(1) D'après l'Annuaire statistique du département de la Seine-Inférieure, publié en 1823, il existait,

1° Sur la rivière d'Aubette, *moulins à blé*, 9; *moulins à huile*, 1; *moulins à alizari*, 1; *moulins à tan*, 1; *moulins à foulon*, 3; *filatures*, 15; *imprimeries de toiles peintes*, 7; *curanderies*, 1; *teintureries*, 38; *tanneries*, 2.

que leur fait éprouver l'usage de détourner les eaux des rivières de *Robec* et d'*Aubette* tous les samedis, depuis cinq heures du soir, jusqu'au dimanche cinq heures du matin, pour arroser les prairies qui bordent ces rivières ;

Le rapport, en date du 29 août dernier, du commissaire chargé par nous de réunir les maires des communes intéressées, à l'effet de fournir les renseignements nécessaires pour régler l'irrigation des prairies, de manière à ne pas nuire aux intérêts de l'industrie ;

Les lois des 16 - 20 août 1790, 28 septembre - 6 octobre 1791, et 21 septembre 1792 ;

Le réglement du 17 pluviôse an 10, sur la police des eaux ;

Les articles 644 et 645 du Code civil ;

Considérant qu'il est reconnu par MM. les Maires des communes de Rouen, de Darnétal, de Saint-Martin-du-Vivier, de Fontaine-sous-Préaux, de Saint-Léger-du-Bourg-Denis et de Saint-Aubin-la-Rivière, que l'on peut sans inconvénient changer le jour et l'heure de l'irrigation des prairies qui existent dans ces communes ;

2° Sur la rivière de Robec, *moulins à blé*, 30 ; *moulins à huile*, 1 ; *moulins à papier*, 3 ; *moulins à alizari*, 3 ; *moulins à tan*, 1 ; *moulins à foulon*, 4 ; *filatures*, 18 ; *imprimeries de toiles peintes*, 14 ; *teintureries*, 72.

L'expérience a fait reconnaître la nécessité de soumettre ces deux rivières à de nouveaux réglements. Deux commissions réunies sous la présidence de M. le maire de Rouen, s'occupent d'en préparer les bases.

Que dans la nouvelle fixation, on doit concilier les intérêts de l'agriculture avec ceux de l'industrie, ainsi que le prescrivent les articles du Code civil ci-dessus cités,

Arrêtons ce qui suit :

Article 1er. L'irrigation des prairies qui bordent les rivières d'*Aubette* et de *Robec*, aura lieu dorénavant, dans les communes de Rouen, Darnétal, Saint-Martin-du-Vivier, Fontaine-sous-Préaux, Saint-Léger-du-Bourg-Denis et Saint-Aubin-la-Rivière, tous les dimanches à six heures du matin, jusqu'à six heures du soir, depuis le 15 mars jusqu'au 15 septembre de chaque année.

Article 2. MM. les Maires de ces communes veilleront à ce que le présent reçoive son exécution ; ils en donneront à cet effet connaissance aux gardes-champêtres de leurs communes respectives (1).

*Arrêté du 19 janvier 1813, concernant le curage des rivières d'*Aubette *et de* Robec.

Nous, préfet, etc.

Vu le projet de réglement soumis, le 13 décembre 1810, à S. Exc. le ministre de l'intérieur, et ayant pour objet de déterminer le mode à suivre pour le cu-

(1) Le soin de veiller à ce qu'il ne se commette aucune infraction, soit aux dispositions de l'article ci-dessus, soit aux dispositions générales concernant la police des eaux, a été délégué, par arrêté du 19 janvier 1813, à un agent spécial institué sous la dénomination de *garde des eaux des rivières d'*Aubette *et de* Robec.

rage des rivières de *Robec* et d'*Aubette*, notamment dans les communes de Rouen et de Darnétal ;

Les diverses observations faites par MM. les Maires de ces deux communes ;

Les instructions données par S. Exc. le ministre de l'intérieur, dans ses lettres des 31 décembre 1810 et 5 octobre 1811, sur les dispositions qu'il serait convenable d'insérer dans le réglement à intervenir ;

Les nouveaux renseignements donnés par M. le maire de la ville de Rouen, le 28 novembre dernier ;

La loi du 14 floréal an 11 ;

Considérant que le territoire de la ville de Rouen et celui de Darnétal, n'ont point, au-dessous du moulin *du Choc*, de délimitation uniforme le long des bords des rivières de *Robec* et d'*Aubette*, mais qu'ils avancent plus ou moins l'un sur l'autre, en occupant, tantôt la rive droite, tantôt la rive gauche de ces cours d'eau ;

Que cette disposition du territoire rend le curage commun entre les communes de Rouen et de Darnétal, chacune pour la rive qui lui appartient ;

Que delà résulte, ainsi que les autorités locales le reconnaissent, des altercations entre les cureurs agissant par des ordres divers, et par conséquent une perte de temps plus ou moins considérable ; un défaut d'ensemble dans le curage, un travail presque toujours mal fait ; enfin, des doubles emplois dans la répartition des frais de curage, à l'égard des propriétaires des terreins placés à la ligne de division des deux territoires ;

Que chacune des communes précitées a intérêt à faire cesser d'aussi graves inconvénients ;

Que le seul moyen que l'on puisse employer efficacement pour atteindre ce but, est d'attribuer à la seule mairie de Rouen, la surveillance du curage sur les rivières de *Robec* et d'*Aubette*, depuis le moulin du *Choc*, jusqu'à leur embouchure;

Que cet arrangement, qui ne porte que sur un seul point de police, et sur une très-petite portion de terrein, est d'autant plus fondé en raison, que la ville de Rouen ayant fait construire en 1608 le moulin du *Choc* sur son territoire, et à ses frais, afin de se procurer la possibilité de déverser, selon les besoins, *Robec* dans *Aubette*, et *vice versâ*, et ayant entretenu seule cette usine, depuis cette époque, elle a droit à un regard particulier sur l'état du lit de ces deux cours d'eau, *depuis le moulin du Choc*; autrement elle pourrait ne pas recueillir les avantages qu'elle attend des sacrifices qu'elle a faits pour bien régler leurs cours;

Arrêtons ce qui suit:

Article 1er. Le curage des rivières de *Robec* et d'*Aubette* se fera, dans chaque localité, par les ordres et sous la surveillance du maire, sauf l'exception dont il va être parlé.

2. M. le maire de la ville de Rouen ordonnera et surveillera seul ce même curage sur l'une et l'autre rivières, *depuis le moulin* dit du *Choc*, jusqu'à leur embouchure.

3. Les curages et avalants étant fixés dans la ville de Rouen, savoir: sur la rivière d'*Aubette*, le *curage* au lundi de la semaine de l'ascension, les *avalants* aux 15 des mois de septembre et décembre; sur la rivière de *Robec*, le *curage* au lundi de la semaine de la Pentecôte, les *avalants* aux lundis des semaines de

la Saint-Michel et de Noël ; les curages et avalants devront être terminés dans la commune de Darnétal, huit jours avant chacune des époques qui viennent d'être indiquées.

4. MM. les maires de Saint-Aubin-la-Rivière, Saint-Léger-du-Bourg-Denis et Darnétal pour *Aubette*; ceux de Fontaine-sous-Préaux, Saint-Martin-du-Vivier et Darnétal pour *Robec*, règleront d'après les bases déterminées par l'article 3, les curages et avalants qui seront à faire chaque année sous leur surveillance.

5. Les frais du curage seront répartis et acquittés ainsi qu'il suit, savoir: par les propriétaires d'usines, à raison des contributions foncières, mobilière, et des patentes réunies; et pour les propriétés purement rurales, ou n'étant point à usage d'usine, en raison de la contribution foncière seulement.

6. Il en sera de même du traitement du garde chargé de la surveillance sur les rivières d'*Aubette* et *Robec*.

7. Les rôles de répartition nous seront soumis pour être rendus exécutoires, s'il y a lieu. Leur recouvrement sera fait selon le mode suivi pour les contributions publiques.

8. Si pour effectuer le curage, il est indispensable de détourner le cours des eaux, le maire de la localité en préviendra les riverains huit jours à l'avance, par la voie d'affiches.

9. Les réclamations qui s'élèveraient relativement aux cotisations, à leur recouvrement ou sur la confection des travaux, nous seront adressées pour être soumises au conseil de préfecture.

10. M. le sous-préfet de l'arrondissement communal de Rouen, est spécialement chargé de tenir la main à l'exécution du présent arrêté, qui sera soumis à S. Exc. le Ministre de l'intérieur, pour solliciter, s'il y a lieu, l'approbation du gouvernement (1).

§ 4. – *Arrêté du 27 février 1808, concernant l'irrigation des Prairies qui bordent la rivière de* Ganzeville (2).

Nous, préfet, etc.

Vu les réclamations de la dame *Riout*, domiciliée à Fécamp, et propriétaire dans la même ville d'une filature hydraulique, établie sur la rivière de *Ganzeville*, laquelle prend sa source au bas des montagnes, et traverse ensuite le territoire de Baigneville, Mesmoulins, Tourville, Ganzeville et Fécamp; ladite réclamation tendante à faire cesser les abus qui se commettent dans la prise des eaux, sous le prétexte du besoin d'irriguer les prairies;

Le procès-verbal en date du 6 avril 1807, rédigé par les commissaires nommés *ad hoc*, par le sous-préfet de l'arrondissement du Havre;

La délibération des conseils municipaux des communes du Bec-de-Mortagne, Mesmoulins, Baigneville, Ganzeville et Fécamp;

La lettre du maire de la commune de Tourville,

---

(1) Un décret du 22 mars 1813, a homologué cet arrêté.

(2) D'après l'Annuaire statistique du département de la Seine-Inférieure, publié en 1823, il existait sur la rivière de Ganzeville; *moulins à blé*, 14; *moulins à huile*, 1; *moulins à foulon*, 1; *filatures*, 1.

qui déclare qu'il a vainement convoqué le conseil municipal, dont un seul membre s'est présenté; pourquoi il donne, sur l'objet de la délibération, les renseignements qui sont en son pouvoir;

L'avis du sous-préfet, en date du 16 novembre 1807;

Le rapport fait par l'ingénieur de l'arrondissement, le 19 décembre suivant, et adopté le 16 de ce mois par M. l'ingénieur en chef;

L'instruction du 10-20 août 1790, et la loi du 28 septembre-6 octobre 1791, qui confèrent aux autorités administratives le soin d'assurer le libre cours et le régime des eaux;

L'article 10, titre 3 de la loi du 16-24 août 1790, qui charge le juge de paix de connaître entre particuliers, sans appel, jusqu'à la valeur de cinquante francs, et à charge d'appel, à quelque valeur que la demande puisse monter, des entreprises sur les cours d'eau servant à l'arrosement des prés;

Le réglement du 17 pluviôse an 10, approuvé le 28 floréal suivant, par le ministre de l'intérieur;

L'article 645 du Code civil;

Considérant que, jusqu'à ce jour, les eaux de la rivière de *Ganzeville*, n'ont été assujetties à aucun régime fixe;

Que les propriétaires de prairies en ont usé pour l'irrigation à tous jours et heures;

Qu'il demeure constant que l'emploi de ces eaux, pendant vingt-quatre heures chaque semaine, suffit pour l'irrigation des prés;

Qu'il est indispensable de concilier, par un réglement invariable, les intérêts de l'agriculture avec ceux de l'industrie manufacturière, qui commence à faire des progrès dans la ville de Fécamp;

Que cette dernière source de prosperité publique doit être spécialement encouragée dans cette localité, dont le port, en temps de paix, facilite des arrivages et assure des débouchés également avantageux,

Avons arrêté et arrêtons:

Article 1er. A l'avenir, les eaux de la rivière de *Ganzeville* ne pourront être employées à l'irrigation des prairies que tous les samedis à six heures du soir. Elles seront rendues dans le lit de la rivière tous les lundis à six heures du matin.

2. Elles pourront être également prises à la même heure, les veilles des dimanches et fêtes reconnues par le gouvernement, à charge de les rendre le lendemain, à six heures du matin.

3. Les propriétaires et détenteurs de prairies pourront continuer provisoirement de prendre les eaux aux époques fixées, soit en formant des vannes, soit en formant des batardeaux, soit en ouvrant des saignées; mais à charge de tenir ces mêmes vannes levées, ces saignées hermétiquement fermées, et d'enlever les batardeaux à partir de l'époque à laquelle les eaux doivent rentrer dans le lit de la rivière.

4. Les infractions qui seraient commises aux dispositions du présent, seront constatées par procès-verbaux des maires et adjoints ou gardes-champêtres, et les poursuites seront faites devant M. le juge de paix, ainsi que celles qui auraient pour objet des demandes excédant cinquante francs, sauf, pour ces dernières, l'appel aux tribunaux supérieurs.

5. Les contestations relatives à l'exécution et à l'interprétation du présent réglement, seront jugées administrativement.

§. 5. - *Décret du 4 mai 1809, concernant le Curage de la rivière de* Durdent.

Napoléon, etc.

Sur le rapport de notre ministre de l'intérieur,

Vu la loi du 14 floréal an 11, relative au curage des canaux et rivières non-navigables;

Vu l'arrêté du préfet du département de la Seine-Inférieure, en date du 27 septembre 1808, relatif au curage de la rivière de *Durdent*;

Notre conseil d'état entendu,

Nous avons décrété et décrétons ce qui suit:

Article 1er. Le curage de la rivière de *Durdent* se fera dans toutes les communes qu'elle traverse, suivant l'ordre et aux époques ci-après; savoir:

1° Dans les communes de St.-Denis, St.-Ricquier-d'Héricourt, Robertot et Carville, depuis le 15 septembre jusques et y compris le 22;

2° Dans les communes de Sommesnil et Oherville, depuis le 23 du même mois, jusques et y compris le 30;

3° Dans la commune du Hanouard, depuis le 1er octobre jusques et y compris le 8;

4° Dans la commune de Grainville, depuis le 9 jusques et y compris le 23;

5° Dans les communes de Malleville et de Barville, depuis le 24 jusques et y compris le 31;

6° Dans celle de Cany, depuis le 3 novembre jusques et y compris le 18;

7° Dans les communes de Clasville et Crosville, depuis le 19 jusques et y compris le 27;

8° Dans la commune de Vittefleur, depuis le 28 novembre jusqu'au 12 décembre;

9°. Enfin, dans la commune de Palluel, depuis le 13 jusques et y compris le 31.

2. Les travaux du curage seront adjugés au rabais et à l'extinction des feux; l'adjudication se fera chaque année, devant le sous-préfet de l'arrondissement.

3. Les travaux des adjudicataires se feront sous la surveillance des maires des communes ci-dessus désignées, et d'un commissaire-inspecteur de la rivière.

4. Le montant de l'adjudication sera réparti pour chaque commune, entre les riverains, au centime le franc de la contribution foncière, payée par chacun d'eux, pour la propriété sise sur la rive.

Les maires dresseront, à cet effet, un rôle qui sera soumis à l'approbation du préfet, avant d'être mis en recouvrement.

5. Ces rôles seront remis au percepteur de chaque commune, qui en fera le recouvrement, suivant le mode adopté pour les contributions directes.

6. Tous les propriétaires riverains de la *Durdent* seront tenus de faire abattre, déraciner et enlever tous les arbres, arbrisseaux, souches et cépées qui nuisent au libre cours de la rivière.

Il leur est accordé un délai d'un mois pour faire ce travail, à compter de la publication du présent décret.

7. Les contestations relatives au recouvrement des rôles ou à la confection des travaux seront jugées dans les formes indiquées par l'article 4 de la loi du 14 floréal an 11.

§ 6. – *Ordonnance royale du 6 février 1822, portant réglement sur le Cours d'eau, dit* Puchot d'Elbeuf (1).

Louis, par la grâce de Dieu, Roi de France, etc.

Sur le rapport de notre ministre secrétaire-d'état au département de l'intérieur :

Vu les les lois des 12-20 août 1790, et 28 septembre-6 octobre 1791,

Celle du 4 mai 1803 (14 floréal an 11), sur le curage des canaux et rivières navigables,

Considérant qu'il est important de régulariser les opérations nécessaires pour assurer le libre cours et l'usage des eaux du *Puchot*, ainsi que la salubrité de la ville d'Elbeuf qu'il traverse, et pour satisfaire en même-temps aux réclamations d'un grand nombre de fabricants et teinturiers de cette ville,

Notre conseil d'état entendu,

Nous avons ordonné et ordonnons ce qui suit :

TITRE PREMIER.

Usage des Eaux et conservation du Canal.

Art. 1er. Le bassin du sud où sourdent en partie les eaux qui alimentent le *Puchot*, ainsi que le bassin du nord, dit de la Rigole, commune d'Elbeuf, conserveront leur ancienne et exclusive destination, tant pour les besoins domestiques, que pour l'immersion des draps.

En conséquence, il ne pourra être fait, sur les bords desdits bassins, aucune construction ou établissement

---

(1) D'après l'Annuaire statistique du département de la Seine-Inférieure, il existait sur le *Puchot*, moulins à blé, 2; filatures, 1; teintureries, 28; tanneries, 3.

quelconque, à moins d'une autorisation spéciale obtenue après délibération du syndicat, homologuée par le Préfet.

2. Il sera contradictoirement placé dans le bief supérieur des deux moulins de Saint-Etienne et Saint-Jean, des repères qui serviront à fixer d'une manière invariable le niveau des eaux que doivent soutenir ces deux usines, d'après les reconnaissances qui seront faites selon les formes ordinaires. Les déversoirs et vannes seront dérasés à la hauteur de ces repères.

3. Immédiatement après la publication du présent réglement, le ruisseau du *Puchot* sera curé à vifs fonds et à vifs bords.

La largeur du canal sera de deux mètres trente centimètres, mesurés sur le sol gravier, qui, nivelé selon la pente actuellement existante, soutiendra généralement une hauteur d'eau de soixante centimètres; et pour que cette hauteur d'eau soit constamment conservée, il sera placé à cinquante mètres de distance, de milieu en milieu, des caractères en pierres, disposés selon un plan déterminé par le fond du coursier du moulin Saint-Etienne, et le seuil de la vanne motrice du moulin Saint-Jean.

Les talus auront cinquante-cinq centimètres d'élévation au-dessus de la surface de l'eau, et l'inclinaison nécessaire pour prévenir les éboulements des terrains.

4. Il sera laissé de chaque côté du canal, et sur les bords, un espace de terrain libre ou *francs bords*, ayant une largeur d'un mètre cinquante centimètres, et destiné à recevoir les dépôts extraits du canal du *Puchot*, sauf indemnité s'il y a lieu, et de la part de qui de droit, pour la création de cette nouvelle servitude.

5. Il est expressément défendu de jeter, dans les bassins ou réservoirs publics, non plus que dans le canal du *Puchot*, aucun objet qui fasse obstacle à l'écoulement des eaux, ou qui puisse en altérer la pureté.

Les teinturiers pourront vider leurs cuves dans le courant, mais seulement depuis sept heures du soir jusqu'à neuf heures du matin, du premier avril au premier octobre, et jusqu'à dix heures du matin, pendant les autres mois de l'année.

Le bassin de la Rigole étant destiné, ainsi qu'il est dit à l'article premier, aux usages publics et domestiques, la faculté réservée aux teinturiers, par le paragraphe précédent, ne pourra être réclamée par ceux qui seraient établis sur le canal dit de Saint-Jean ou de dérivation.

6. Les teinturiers, et tous autres qui lavent des laines dans le *Puchot*, seront tenus à faire tous les dimanches, à sept heures du matin, chacun au droit de sa propriété, les ravalements nécessaires pour débarrasser le canal des matières qui s'y seraient précipitées des paniers servant au lavage.

TITRE II.

Constructions, Plantations.

7. Il ne pourra être construit de ponts en maçonnerie, sur le canal du *Puchot*, qu'autant que le dessous de la voûte serait élevé d'un mètre soixante centimètres au-dessus du sol gravier.

Les ponts actuellement existants, qui ne rempliraient point cette condition, seront démolis, sauf indemnité, s'il y a lieu; ils pourront être remplacés par des planches mobiles, disposées de manière à être momentanément enlevées aux époques de l'opération du curage dont il sera fait mention ci-après.

8. Aucunes constructions de bâtiment à cheval, sur le cours du *Puchot*, ne pourront avoir lieu sous quelque prétexte que ce soit. On n'y tolérera que l'établissement des appentis nécessaires pour couvrir les ouvriers occupés au lavage des laines; ces appentis seront soutenus par des poteaux plantés en arrière des francs bords dont il est fait mention en l'article 4.

9. A l'avenir, tout particulier qui voudra construire le long du *Puchot*, sera dans l'obligation de demander un alignement à l'autorité locale. Les bâtiments actuellement construits et placés hors de cet alignement seront susceptibles de reculer, ce qui aura lieu conformément aux réglements sur la voirie urbaine.

10. Il ne pourra être construit ou conservé de latrines sur le canal, qu'autant que les formalités indiquées en l'article précédent auront été remplies; les constructions nouvelles seront établies sur le franc bord; un conduit couvert, soit en briques, soit en pierres, communiquera avec le courant.

11. Toutefois, l'application des dispositions des deux articles précédents, n'aura lieu qu'après avoir pris l'avis de la commission syndicale instituée par l'article 14 du présent réglement.

12. Nul ne pourra planter d'arbres sur les bords du *Puchot*, qu'à la distance prescrite par les réglements; les riverains seront tenus, chacun sur sa propriété, de couper et retirer les branches et racines d'arbres, ainsi que les herbes excrues sur les bords du canal qui gêneraient le libre cours des eaux.

TITRE III.

Curage.

13. Le curage du ruisseau du *Puchot* aura lieu chaque année aux époques, et conformément à ce qui est prescrit par la loi du 4 mai 1803 (14 floréal an 11), et par les réglements généraux et particuliers.

Composition et attribution de la Commission syndicale.

14. Une commission syndicale, composée de cinq membres choisis parmi les riverains du *Puchot*, sera chargée de surveiller l'exécution des dispositions précédentes, et de répartir entre tous les membres de la communauté, les frais de curage, garde et autres, soit périodiques, soit éventuels : elle proposera, à l'approbation du préfet, les travaux d'utilité générale, ou les réglements particuliers qu'il paraîtrait convenable d'adopter pour la conservation des eaux et le placement des paniers sur le *Puchot*.

Elle intentera ou soutiendra, après s'être fait autoriser préalablement par le conseil de préfecture, les actions civiles auxquelles donnerait lieu la conservation des intérêts de la communauté.

La commission élira chaque année, dans son sein, un président ou directeur qui sera chargé de tous les détails de l'administration ordinaire du *Puchot*.

15. Les membres du syndicat seront nommés par le préfet, sur la présentation d'une liste triple de candidats, formée ainsi qu'il sera dit ci-après ; ils seront renouvelés par cinquième, chaque année, dans les premiers jours du mois de mars. La voie du sort indiquera les

membres sortant pendant les quatre premières années : ils seront indéfiniment rééligibles.

16. Les listes des candidats parmi lesquels devront être choisis les membres de la commission syndicale seront arrêtées à la majorité des suffrages, dans une assemblée présidée par le maire d'Elbeuf, composée de tous les propriétaires riverains, fabricants, teinturiers, etc., ayant des établissements sur le *Puchot*.

Des affiches apposées, quinze jours d'avance, par les soins de l'autorité municipale, aux places accoutumées, indiqueront le jour, l'heure, et le lieu de cette assemblée.

Police du Puchot.

17. Il sera nommé par le préfet, sur la proposition de la commission syndicale, un garde du *Puchot*, spécialement chargé de veiller sous la direction de ladite commission à l'exécution des dispositions du présent réglement, et de constater toutes contraventions par procès-verbal.

Le salaire de cet agent sera également déterminé par le syndicat et approuvé par le préfet, et réparti entre tous les intéressés, ainsi que les autres dépenses accidentelles reconnues nécessaires.

18. Les procès-verbaux de contravention dûment affirmés et enregistrés, seront déposés, dans les délais convenables, entre les mains du président de la commission syndicale, qui sera chargé d'en poursuivre la répression pardevant les tribunaux compétents.

19. Toutes les contraventions détermineront comme en matière de petite voirie, l'application des peines prononcées par les articles 471 et 475 du Code pénal.

20. Le garde du *Puchot*, ou tout autre agent de police ayant dressé un procès-verbal, emportant condamnation, aura droit à la moitié de l'amende encourue.

21. Il n'est rien préjugé par le présent réglement d'administration publique sur les droits de possession ou de propriété que les riverains ou autres particuliers pourraient se croire fondés à prétendre, et dont la connaissance appartient aux tribunaux.

Arrêté réglementaire du 10 *juillet* 1823, *concernant l'exécution de l'ordonnance royale du* 6 *février* 1822, *relative au* Puchot *d'Elbeuf, et la police ordinaire de ce cours d'eau.*

Nous, maîtres des requêtes au Conseil d'état, officier de l'ordre royal de la Légion d'honneur, préfet du département de la Seine-Inférieure,

Vu l'ordonnance royale du 6 février 1822, portant réglement sur le cours d'eau dit *Puchot d'Elbeuf*;

Vu la délibération à nous transmise par la commission syndicale instituée conformément à l'article 17 de cette ordonnance, dans la vue de procurer la prompte exécution des dispositions qu'elle renferme, comme aussi de déterminer les formalités qui seront suivies à cet égard et les règles de police ordinaires qui auront pour objet le régime des eaux du *Puchot*;

Vu la délibération prise par le conseil municipal de la ville d'Elbeuf, sur la communication à lui faite de la délibération susmentionnée et par laquelle il propose certaines modifications dont l'adoption a été unanimement votée;

Vu une délibération subséquente de la commission syndicale, qui déclare de son côté souscrire à ces modifications;

Considérant qu'il importe de déterminer des règles fixes pour l'exécution des diverses dispositions que consacre l'ordonnance royale du 6 février 1822; mais qu'il n'est pas moins nécessaire de combiner ces règles de telle manière que les droits de possession ou de propriété que pourraient revendiquer certains riverains ou autres particuliers, n'éprouvent aucun préjudice;

Considérant enfin, quant à ce qui concerne le curage du *Puchot*, que, depuis un grand nombre d'années, les frais auxquels il donne lieu étaient répartis par égale portion entre les propriétaires riverains et ceux qui usent des eaux pour l'exercice de leur industrie; que, si le conseil municipal, d'un commun accord avec la commission syndicale, a proposé de modifier les bases de la répartition, cette proposition repose sur un principe dont la justice ne saurait être méconnue, et en vertu duquel les plus intéressés sont appelés à supporter les plus fortes charges; qu'en conséquence il y a lieu à maintenir le mode de recouvrement des frais de curage, conformément aux articles 1 et 2 de la loi du 24 mai 1803 (14 floréal an XI);

Avons arrêté et arrêtons les dispositions suivantes :

TITRE 1er.

Usage des eaux et conservation du canal.

Article 1er. A l'exception des deux bassins du nord et du sud, exclusivement réservés, tant pour les besoins domestiques de l'universalité des habitans, que pour l'immersion des draps, les eaux du *Puchot* peuvent être, dans tout leur cours, appropriées à l'usage de l'industrie et des usines.

2. Afin de déterminer les droits des propriétaires de ces établissements, il en sera fait visite par MM. les Ingénieurs des ponts et chaussées, dans les trois mois qui suivront la publication du présent réglement, et selon les formes prescrites par notre arrêté du 28 mars 1821. Ils nous feront, en conséquence des résultats de cette visite, les propositions nécessaires pour fixer invariablement le niveau des eaux, au moyen de repères, tant en amont qu'en aval.

3. Le syndicat institué conformément à l'article 17 de l'ordonnance royale du 6 février 1822, fera procéder, dans le même délai, au nivellement du Puchot, 1° entre le bassin du sud et le seuil de la vanne motrice du moulin Saint-Etienne; 2° entre le fond du coursier du moulin Saint-Etienne et le seuil de la vanne motrice du moulin Saint-Jean; 3° entre le fond du coursier du moulin Saint-Jean et le seuil de la vanne motrice du sieur Delarue.

Cette opération aura pour objet de déterminer, au moyen de repères fixes, la hauteur des caractères en pierre qui devront être placés transversalement, de cinquante en cinquante mètres de distance, dans le lit du *Puchot*, après le curage à vifs fonds et à vifs bords.

L'ingénieur ou le géomètre chargé du nivellement déterminera en même temps, et en se conformant avec soin aux dispositions du paragraphe 2 de l'article 3 de l'ordonnance royale précitée,

1° La pente du talus à établir le long des rives du *Puchot*;

2° La ligne d'intersection du plan des talus avec le terrein;

3° La ligne indicative des limites des francs-bords réservés par l'article 4 de ladite ordonnance.

4. Le travail mentionné en l'article précédent sera remis à la commission syndicale qui nous le fera parvenir dans les huit jours de cette remise, avec son avis.

5. Après qu'il aura été statué sur les réclamations auxquelles pourrait donner lieu ce travail, et dans les délais qui auront été par nous déterminés, il sera procédé, sous la surveillance immédiate de la commission syndicale,

1° Au curage à vifs fonds et à vifs bords;

2° A la construction des talus.

Cette construction aura lieu aux frais des propriétaires riverains, soit en pierre, soit en brique et ciment, soit en bois. Ils pourront l'exécuter eux-mêmes dans le délai qui leur sera notifié par le maire, à défaut de quoi il sera, par ce fonctionnaire, préposé des ouvriers, dont ils paieront le salaire.

6. Les indemnités qui pourraient être dues à certains riverains, pour terrains occupés par les francs-bords, seront arbitrées de gré à gré, ou conformément aux dispositions de la loi du 8 mars 1810. Il en sera de même de celles auxquelles donnerait lieu la disposition résultant des articles 11 et 13.

7. Il sera fait tous les jours, matin et soir, par le garde du *Puchot*, et aux heures convenables, une visite générale de ce cours d'eau, à l'effet de constater les contraventions à l'article 5 de l'ordonnance royale du 6 février 1822, qui pourraient avoir lieu; les procès-verbaux duement affirmés conformément à l'article 11

de la loi du 18 mai 1802 (28 floréal an X), seront immédiatement remis au président de la commission syndicale, après avoir été enregistrés en *débet*.

8. Il sera également tenu de s'assurer tous les dimanches, si les teinturiers ou tous autres propriétaires de lavoirs quelconques établis sur le *Puchot*, ont fait les ravalemens prescrits par l'article 6 de l'ordonnance précitée, avant sept heures et demie entre le bassin du sud et le moulin Saint-Etienne, et avant huit heures entre le moulin Saint-Etienne et le moulin Saint-Jean.

9. Au commencement de chaque semaine il remettra au président de la commission syndicale, un état de toutes les contraventions qu'il aura constatées dans le cours de la semaine précédente, conformément aux deux articles qui précèdent.

TITRE II.

Constructions, Plantations.

10. En même temps que le géomètre chargé de l'exécution des dispositions prescrites par l'article 3, s'occupera de son travail, il visitera tous les ponts actuellement existants sur le Puchot, dressera un état de tous ceux dont la suppression devrait avoir lieu conformément à l'article 7 de l'ordonnance réglementaire, et le remettra entre les mains du président de la commission syndicale avec un rapport raisonné.

11. Ladite commission nous transmettra cette pièce avec son avis, et nous prononcerons, après avoir fait remplir les formalités convenables, la suppression ou la conservation provisoire de tous ou plusieurs de ces ponts.

12. Toute demande tendant à obtenir l'autorisation d'établir un pont sur le canal du *Puchot*, d'y établir des paniers, d'y disposer des appentis pour couvrir les ouvriers occupés au lavage des laines, etc., etc., nous sera directement adressée, et nous statuerons, après avoir pris l'avis de la commission syndicale et celui de M. le maire d'Elbeuf.

13. Afin de laisser aux eaux un écoulement suffisant, les paniers à laver les laines seront disposés de manière à ce qu'il se trouve toujours au moins deux décimètres de distance entre leurs bords latéraux et le talus, de même qu'entre leurs fonds et le sol gravier du canal.

Les marche-pieds établis pour le service des paniers, devront être placés à un décimètre au moins de la surface de l'eau.

14. Dans le cas où les francs-bords seraient occupés par des bâtimens actuellement existants, les appentis à établir pourront être fixés sur lesdits bâtiments, en conséquence du principe exprimé dans l'article 4 de l'ordonnance royale du 6 février 1822, et sauf indemnité envers le propriétaire.

15. Tous les trois mois, un architecte désigné *ad hoc* fera la visite de tous les ponts, paniers et appentis placés sur le *Puchot*, ainsi que des bâtiments élevés le long de ses rives. Il consignera les résultats de cette visite dans un rapport circonstancié qui sera mis sous les yeux de la commission, et en conséquence duquel seront prises, sur sa proposition, telles mesures qu'il appartiendra.

16. Le garde du *Puchot* s'occupera de son côté, dans des visites qui auront lieu périodiquement, de constater les infractions à l'article 2 de l'ordonnance

du 6 février : il prescrira aux contrevenants de s'y conformer, sous peine d'être poursuivis, et en cas de non exécution, en rendra compte à la commission.

TITRE III.

Curage.

17. Le curage du *Puchot* aura lieu deux fois par an, dans le courant des mois de mars et de septembre. Les frais auxquels donnera lieu cette opération, ainsi que ceux relatifs à l'entretien du cours d'eau, seront supportés, savoir : deux tiers par les teinturiers, propriétaires d'usines, et autres qui font usage des eaux, et un tiers par les simples propriétaires.

Pour opérer la répartition des deux tiers dévolus à l'industrie, il sera fait tous les ans, dans les premiers jours de janvier, un état des particuliers qui ont des usines ou établissements sur le *Puchot*, lequel indiquera par colonnes séparées le nombre des *cuves*, celui des *chaudières*, celui des *pleins*, celui des *paniers* dont se composent lesdits établissements. Dans une dernière colonne, seront inscrites les cotisations relatives qu'il conviendra d'assigner aux propriétaires ou exploitants. Cet état, dressé par la commission syndicale, demeurera déposé pendant quinze jours à la mairie, où les intéressés seront invités par affiches publiques à venir en prendre connaissance. A l'expiration de ce délai, il nous sera transmis par M. le maire d'Elbeuf, avec son avis.

Les réclamations qui auraient été produites seront communiquées au conseil de préfecture, avec invitation de donner son avis ou de statuer, le cas échéant.

Le rôle rendu par nous exécutoire du 1er au 15 mars, sera mis en recouvrement par les voies et moyens usités en matière de contributions publiques.

18. En conséquence, il sera dressé chaque année par la commission syndicale, d'après les bases qui viennent d'être indiquées, un rôle qui, après avoir été visé par le maire, sera souscrit de notre exécutoire, et dont le percepteur d'Elbeuf opèrera le recouvrement. Les remises allouées à ce comptable seront perçues en sus du montant du rôle et dans la même proportion que pour les contributions publiques.

19. Le curage s'exécutera par voie d'entreprise publiquement adjugée, au rabais et à l'extinction des feux, en présence du Maire et de deux des membres de la commission syndicale, sur la mise à prix déterminée par le devis qui aura été revêtu de notre approbation.

20. Il sera procédé et pourvu au curage à vifs fonds et à vifs bords, prescrit par l'article 5 du présent réglement, ainsi qu'il est indiqué aux trois articles précédents.

21. Le curage de ces deux bassins réservés pour les besoins domestiques de l'universalité des habitants, aura lieu aux frais de la ville d'Elbeuf. Il en sera de même sur tout autre point du *Puchot* où la ville était précédemment dans l'usage de curer, et ce, sans préjudice de tous droits de propriété qui pourraient être invoqués.

TITRE IV.

Commission syndicale.

22. Le renouvellement des membres de la commission syndicale instituée en exécution de l'article 14 de l'ordonnance royale du 6 février 1822, aura lieu tous les ans dans le courant du mois de septembre. En conséquence l'assemblée des propriétaires riverains, fabricants, teinturiers, etc., à qui appartiendra la présentation des candidats, se réunira du 1er au 5 dudit mois, ainsi qu'il est dit en l'article 16 de l'ordonnance précitée.

23. Les veuves et, en cas d'empêchement, les autres personnes, membres de l'assemblée, pourront se faire représenter par un procureur fondé, porteur d'un mandat spécial passé devant notaire, et dont il devra justifier.

Les héritiers mineurs seront, de droit, représentés par leur tuteur.

24. Le procès-verbal des opérations de l'assemblée nous sera transmis par le Maire dans les cinq jours qui suivront la clôture.

25. La commission syndicale se réunira, sur la convocation de son président, toutes les fois qu'il en sera besoin, et au moins une fois par mois : elle nous transmettra, par l'intermédiaire du maire, les délibérations qu'elle aura prises.

26. Lorsqu'une délibération aura pour objet d'intenter une action civile, dans l'intérêt de la communauté, il sera joint à cette délibération des copies authentiques des titres sur lesquels reposent les droits à soutenir,

et, le cas échéant, un plan des lieux. Le tout sera accompagné d'une pétition à nous adressée, en double expédition, dont une sur papier timbré, par le président de la commission, pour demander, en vertu de la délibération susmentionnée, l'autorisation d'ester en justice.

27. Toutes dépenses faites par la commission syndicale pour frais de bureau et autres menus frais, ainsi que celles auxquelles donneraient lieu les procès à intenter ou à soutenir, seront réparties entre tous les intéressés, selon les formes déterminées par l'article 17 du présent réglement.

TITRE V.

Police du Puchot.

28. Pour l'exécution des dispositions de l'article 14, la commission syndicale pourra faire choix d'un architecte *spécial*, dont la nomination sera soumise à notre approbation, et qui demeurera chargé de tous les autres soins qui concernent son art.

29. Le garde du *Puchot*, institué conformément à l'article 17 de l'ordonnance royale du 6 février 1822, portera au bras gauche, dans l'exercice de ses fonctions, une plaque en fer blanc où seront inscrits en relief ces mots : *Garde du Puchot*.

30. Le salaire de l'architecte et celui du garde du *Puchot* seront répartis entre tous les intéressés, par addition aux rôles établis pour pourvoir aux frais de curage.

31. Nul ne pourra, pendant le jour, refuser l'accès de sa propriété, soit à l'un des membres du syndicat,

soit à l'architecte accompagné du garde du *Puchot* et visitant le canal, pour vérifier l'exécution des dispositions de l'ordonnance royale du 6 février 1822 et du présent réglement.

TITRE VI.

Dispositions générales.

32. Les modifications que l'expérience ou le changement de quelques circonstances feront reconnaître convenable d'apporter au présent réglement, seront déterminées par nous sur la proposition de la commission syndicale et l'avis du conseil municipal.

33. Jusque-là, ladite commission et le Maire de cette ville sont chargés concurremment, et chacun en ce qui les concerne, de la stricte exécution des précédentes dispositions.

§ 7. – *Ordonnance royale du* 21 *août* 1822, *concernant l'irrigation des prairies riveraines des rivières de* Clères *et de* Cailly (1).

Louis, par la grâce de Dieu, Roi de France et de Navarre, à tous ceux qui ces présentes verront, salut :

Vu les lois des 20 août 1790 et 6 octobre 1791 ;

Vu l'arrêt du conseil d'état, en date du 9 juillet 1743,

---

(1) Un arrêt du conseil, du 9 juillet 1743, avait déjà déterminé un réglement concernant l'irrigation de la rivière de Cailly. Le dispositif est conçu en ces termes :

Le Roi en son Conseil a ordonné et ordonne que

sur le mode d'irrigation des prairies qui bordent les rivières de *Clères* et de *Cailly*.

Considérant qu'il est important de concilier les intérêts des propriétaires de prairies et ceux des propriétaires des usines situées sur le cours des deux rivières ci-dessus, par un réglement dont les dispositions concordent avec les anciennes habitudes, en même-temps qu'elles satisferont aux nouvelles conditions dont l'expérience a fait reconnaître la nécessité ;

Notre conseil d'état entendu,

Nous avons ordonné et ordonnons ce qui suit :

Art. 1er. L'irrigation des prairies adjacentes aux rivières de *Clères* et de *Cailly*, département de la

---

les ordonnances rendues les 22 juillet 1732 et 19 avril 1742, par le sieur Delabourdonnaye, intendant et commissaire départi dans la généralité de Rouen, au sujet de la police qui doit être observée pour l'arrosement des prés situés le long des rivières de Maromme et de Cailly, et l'arrêt du conseil du 14 mai 1743, seront exécutés selon leur forme et teneur ; en conséquence, fait Sa Majesté très-expresses inhibitions et défenses à tous les propriétaires riverains desdites rivières de Maromme et de Cailly, de quelque qualité et condition qu'ils puissent être, de lever leurs vannes pour introduire l'eau desdites rivières dans leurs prairies, terrains et héritages, que depuis quatre heures après-midi, les veilles de fêtes et dimanches, jusqu'au lendemain à pareille heure, qu'ils seront tenus de refermer leurs vannes, et de remettre l'eau de chacune desdites rivières dans son canal ; ordonne en outre Sa Majesté, auxdits riverains d'entretenir lesdites vannes chacun en droit soi, en tel état que l'eau de chacune desdites rivières ne puisse sortir de son canal par des échappées que le défaut d'entretien pourrait y causer, le tout à peine de cinquante livres d'amende contre chacun

Seine-Inférieure, aura lieu les veilles de dimanches et fêtes conservées, depuis huit heures du soir jusquà pareille heure du lendemain; et ce, à partir de leur source jusqu'à leur embouchure dans la Seine.

2. Les habitants de Montville et de Saint-Maurice pourront jouir provisoirement du droit d'arroser leurs prairies pendant six heures de plus, c'est-à-dire depuis huit heures du soir les veilles de dimanches et fêtes conservées, jusqu'au lendemain deux heures du matin, sous la condition consentie par M. le baron *de Montville*, qu'il n'usera journellement des deux sources qu'il possède dans ses propriétés, le long de la côte d'Eslette, que pour arroser trois hectares et demi (environ six acres) de ses prairies à-la-fois, et de manière à faire

---

des contrevenants pour la première fois, laquelle ne pourra être remise ni modérée pour quelque cause et sous quelque prétexte que ce soit, et de plus grande peine en cas de récidive; enjoint Sa Majesté, au sieur intendant et commissaire départi dans la généralité de Rouen, de tenir la main à l'exécution du présent arrêt, qui sera exécuté, nonobstant opposition et tous autres empêchements quelconques, pour lesquels ne sera différé, et dont si aucuns surviennent, Sa Majesté s'est réservée, et à son conseil, la connaissance, et a icelle interdite à toutes les Cours et autres juges.

D'après l'Annuaire statistique du département de la Seine-Inférieure, publié en 1823, il existait,

1° Sur la rivière de *Clères*, moulins à blé, 3; moulins à huile, 1; moulins à papier, 2; filatures, 3.

2° Sur la rivière de *Cailly*, moulins à blé, 24; moulins à papier, 23; moulins à alizari, 9; moulins à tan, 2; moulins à foulon, 3; filatures, 38; imprimeries de toiles peintes, 12; curanderies, 6; teintureries, 17.

12

rentrer les eaux de ces deux sources en avant de l'endroit appelé *le Fourche des Eaux*, qui partage les rivières dites de Saint-Maurice et de Notre-Dame-des Champs.

Toutefois, l'exercice de ce droit n'est attribué qu'aux propriétaires des prairies situées au-dessous de la première des usines de M. le baron *de Montville*, qui se trouve en amont du cours de la rivière.

3. La manœuvre régulière des vannes d'irrigation placées sur le cours des deux rivières aura lieu par les soins des propriétaires ou fermiers, qui demeureront personnellement responsables de toutes les contraventions qui auront été constatées. En conséquence, ces vannes seront cadenassées et les clefs demeureront à la disposition exclusive desdits propriétaires ou fermiers.

4. Il sera établi, partout où il n'en existe point encore, des vannes à la tête de chaque canal d'irrigation, dit *porteur d'eau*, et de chaque tranchée ouverte sur le cours de la rivière. Le jeu régulier de ces nouvelles vannes, qui devront être constamment entretenues en bon état, à la diligence des propriétaires, aura lieu de la manière indiquée en l'article précédent.

5. Il sera institué une commission syndicale composée de cinq membres choisis parmi les personnes qui auront des propriétés ou des établissements hydrauliques sur les rivières de *Clères* ou de *Cailly*.

Les syndics seront nommés pour cinq ans et renouvelés par cinquième tous les ans dans les premiers jours du mois de juillet. La voie du sort indiquera, pendant les quatre premières années, les membres sortants. Ils seront indéfiniment rééligibles.

Le syndicat demeurera chargé du choix et de la nomination des gardes des eaux qui seront institués conformément à l'article 7 ci-après (1); de la répartition des fonds nécessaires pour pourvoir à leur traitement et au paiement des gratifications qui pourront leur être allouées; de la poursuite des délits et contraventions qui auront été constatés ; enfin, de proposer à l'autorité administrative toutes les vues d'utilité générale qui auraient pour but l'amélioration du régime des eaux de la rivière.

6. Les membres du syndicat seront nommés par le préfet, sur la présentation d'une liste triple de candidats désignés dans une asssemblée composée de vingt-cinq propriétaires de prairies adjacentes aux rivières de *Clères* et de *Cailly*, et de vingt-cinq propriétaires d'usines situées sur le cours de ces rivières, choisis, dans l'une et dans l'autre classe, parmi les plus imposés aux rôles des contributions locales. Deux syndics au moins devront être pris dans chaque cathégorie d'intéressés.

7. La surveillance journalière des dispositions arrêtées aux articles 1 et 3 qui précèdent, sera confiée à quatre gardes des eaux, qui exerceront leurs fonctions,

Le premier, de Clères au pont de Montville ;

Le second, de Cailly à Tendos inclusivement ;

Le troisième, de Tendos au Houlme ;

Le quatrième, du Houlme à Bapaume;

---

(1) Cette nomination ne peut être valable qu'autant qu'elle a été confirmée par le préfet, conformément à l'article 4 de la loi du 8 juillet 1795 (20 messidor an 3).

Néanmoins, chacun de ces gardes aura le droit d'inspecter tout le cours de la rivière, et le tout sans préjudice de la surveillance attribuée aux gardes-champêtres pour la répression de tous les délits ruraux.

8. Le salaire des gardes des eaux est fixé à 500 francs pour chacun, indépendamment d'une gratification qui pourra être acordée à ceux qui auront donné des preuves de zèle et d'activité. La somme sur laquelle seront prélevées ces gratifications, est fixée à 140 francs.

Il sera pourvu aux autres dépenses, frais de perception et non-valeurs au moyen d'une somme de 260 francs.

9. Le recouvrement de la somme totale de 2400 francs ci-dessus détaillée, aura lieu au moyen d'un rôle où seront exclusivement compris tous les propriétaires de moulins, usines, teintureries, imprimeries, blanchisseries, etc., qui se trouvent sur le cours des deux rivières, et chacun au marc le franc de sa cotisation au rôle des patentes (1).

10. Le rôle ci-dessus mentionné sera établi par les soins du directeur des contributions, auquel sera fournie, par la commission syndicale, la liste de tous les propriétaires qui doivent y figurer, en conformité de l'article précédent.

11. Ce même rôle, après avoir été rendu exécutoire par le préfet, sera délivré par extraits aux percepteurs des communes où résideront les divers contribuables, et ils demeureront chargés d'en suivre le recouvrement

(1) On a reconnu la nécessité de modifier, à quelques égards, la rédaction de cet article et du précédent; la proposition en a été soumise au gouvernement.

par toutes les voies usitées en matière de contributions publiques.

Les sommes recouvrées seront versées, en quatre paiements égaux, entre les mains de celui des membres de la commission syndicale qui sera plus spécialement chargé, chaque année, de surveiller le service des gardes.

12. En cas de réclamations contre l'inscription audit rôle, ou contre la quotité de la cotisation, elles seront portées devant le conseil de préfecture.

13. Toutes contraventions aux articles 1, 2, 3 et 4 du présent réglement, dûment constatées par procès-verbaux des gardes des eaux, ou des gardes-champêtres, seront punies d'une amende de 50 francs, conformément à l'arrêt du conseil du 9 juillet 1743, confirmé implicitement par l'article 484 du Code pénal.

La moitié de l'amende appartiendra à celui des gardes qui aura dressé le procès-verbal.

14. Il n'est rien préjugé, par le présent réglement d'administration publique, sur les droits de possession ou de propriété que les riverains ou autres particuliers pourraient se croire fondés à prétendre, et dont la connaissance appartient aux tribunaux.

Ordonnance royale du 21 août 1822, concernant le Curage périodique des rivières de Clères et de Cailly.

Louis, par la grâce de Dieu, Roi de France et de Navarre, à tous ceux qui ces présentes verront, salut :

Vu les lois des 20 août 1790 et 6 octobre 1791, celle du 4 mai 1803 (14 floréal an 11), sur le curage des canaux et rivières non-navigables ;

Considérant qu'il est important, dans l'intérêt des propriétaires riverains, comme dans celui des manufacturiers, de régulariser les opérations nécessaires pour assurer complètement les curages annuels des rivières de *Clères* et de *Cailly*, ainsi que des sources et canaux y affluant,

Notre conseil d'état entendu,

Nous avons ordonné et ordonnons ce qui suit :

Art. 1er. Le curage des rivières de *Clères* et de *Cailly*, département de la Seine-Inférieure, ainsi que celui des sources et canaux y affluant, aura lieu deux fois chaque année dans toute l'étendue de leur cours, aux époques et dans les délais qui seront déterminés ci-après.

2. Cette opération sera exécutée par un ou plusieurs entrepreneurs, ensuite d'une adjudication publique qui aura lieu dans les formes ordinaires, d'après les devis et cahiers de charges qui auront été proposées par la commission syndicale dont il est fait mention en l'article 5 du réglement pour l'irrigation des prairies, et soumis préalablement à l'approbation du préfet.

3. Le territoire baigné par les rivières de Clères et de Cailly, sera partagé en cinq divisions, comme il suit :

La première comprendra les communes de Cailly, Saint-Germain et Gouville;

La seconde, celles de Fontaine-le-Bourg et Tendos;

La troisième, celles de Clères, le Tot, Anceaumeville, Montville et Cardouville;

La quatrième, celles de Malaunay, Eslette et le Houlme;

La cinquième, celles de Bondeville, Maromme, Déville et Bapaume (section de la commune de Canteleu).

Il sera procédé à l'adjudication du curage des rivières, dans chacune des susdites divisions, à la diligence et en présence des maires des communes intéressées. Le préfet désignera celle de ces communes où chaque adjudication devra avoir lieu.

4. Le premier de ces deux curages annuels s'exécutera dans les délais suivants, savoir :

Pour la première division, du 20 février au premier mars ;

Pour la seconde, du premier au 10 mars ;

Pour la troisième, du 20 février au 10 mars ;

Pour la quatrième, du 10 au 20 mars ;

Pour la cinquième, du 20 mars au 10 avril.

Le deuxième curage annuel aura lieu dans les délais suivants, savoir :

Pour la première division, du 25 juillet au 2 août ;

Pour la seconde, du 2 au 14 août ;

Pour la troisième, du 25 juillet au 14 août ;

Pour la quatrième, du 16 au 22 août ;

Pour la cinquième, du 22 au 31 août.

5. Les propriétaires des sources et canaux affluant aux rivières de *Clères* et de *Cailly*, seront tenus de les faire curer, dans les huit jours qui précéderont le commencement de chaque curage, dans leurs divisions respectives. A cet effet, le maire de la commune fera notifier, à chacun d'eux, un avertissement au moins quinze jours d'avance.

En cas de refus ou de négligence constatée par procès-verbal, le maire donnera ordre à l'adjudicataire chargé du curage de la rivière, conformément aux articles 2 et 3 qui précèdent, d'exécuter le travail retardé, et il en sera payé au taux de son adjudication.

F

6. Le premier curage annuel étant également dans l'intérêt de l'agriculture et de l'industrie, les frais qu'il occasionnera seront répartis entre tous les riverains, en raison de l'étendue de leur propriété, proportionnellement aux contributions foncières et des patentes réunies, pour les manufacturiers, et à la contribution foncière seulement, pour les propriétaires fonciers.

Les frais du second curage, qui n'aura lieu que dans l'intérêt des manufacturiers, seront exclusivement à la charge de ces derniers, et répartis entr'eux proportionnellement à leurs cotes au rôle des patentes.

7. Il sera établi, chaque année, par les soins du directeur des contributions, deux rôles de répartition des frais de curage, rédigés chacun en conséquence des deux paragraphes de l'article précédent. Les rôles rendus exécutoires par le préfet, seront remis aux mains des percepteurs de chacune des divisions mentionnées en l'article 3, afin qu'ils en suivent le recouvrement.

8. Les adjudicataires du curage seront payés sur un mandat du préfet, appuyé du procès-verbal de réception des travaux, rédigé par la commission syndicale chargée de surveiller l'exécution du réglement pour l'irrigation des prairies.

9. Le prix des travaux exécutés d'office, conformément à l'article 5 qui précède, sera payé à l'adjudicataire par les propriétaires qui n'auraient point obtempéré aux avertissements qu'ils auront reçus. Le mode selon lequel le paiement aura lieu, sera ultérieurement déterminé.

Ils seront d'ailleurs passibles d'une amende comme contrevenant aux règlements de police.

10. Afin que le cours des rivières de *Clères* et de

Cailly soit désormais plus libre, plus régulier, et par conséquent plus favorable à tous les intérêts, la largeur des différents bras desdites rivières et la hauteur du sol gravier seront déterminées sur la proposition des ingénieurs qui se livreront à un travail particulier pour cet objet.

Les frais auxquels donnera lieu ce travail extraordinaire, et son exécution seront répartis entre tous les riverains, conformément au paragraphe 1er de l'article 6.

11. Il sera placé dans le lit des deux rivières, et de cent mètres en cent mètres, de forts pieux dont la tête sera coupée dans le plan sur lequel l'eau doit couler, et qui indiqueront par conséquent l'épaisseur de la couche de vase qui devra être enlevée lors des curages ultérieurs.

12. Tous encombrements faits dans le lit des deux rivières, tous empiètements ou plantations qui tendraient à en restreindre la largeur, après qu'elle aura été déterminée en exécution de l'article 10, seront constatés par procès-verbaux dressés soit par les gardes-champêtres, soit par les gardes des eaux institués en exécution du réglement sur l'irrigation des prairies, et réprimées conformément aux lois relatives à la police des chemins vicinaux.

13. Il n'est rien préjugé, par le présent réglement d'administration publique, sur les droits de possession et de propriété que les riverains et autres particuliers pourraient se croire fondés à prétendre, et dont la connaissance appartient aux tribunaux.

Ordonnance royale du 9 juin 1824, concernant l'irrigation des prairies adjacentes aux rivières qui coulent sur le territoire de la commune de Lillebonne (1).

Louis, par la grâce de Dieu, Roi de France et de Navarre,

A tous ceux qui ces présentes verront, salut :

Sur le rapport de notre ministre secrétaire d'état de l'intérieur ;

---

(1) Il avait été déjà fait, pour la rivière de Lillebonne, deux réglements concernant le curage, l'irrigation et la détermination de la hauteur des vannes des usines : l'un, porte la date du 20 août 1798 (3 fructidor an 6) ; l'autre, celle du 14 décembre 1800 (23 frimaire an 9). On peut les consulter au Recueil des Arrêtés de la préfecture.

Le premier renferme une disposition ainsi conçue : *Nul propriétaire ne pourra détourner l'eau ni le cours des sources affluentes à ladite rivière, de manière à contrarier les intérêts de quelque riverain que ce soit.*

Cette disposition vient de donner lieu à une réclamation fondée sur l'article 641 du Code civil. (Voir la note de la page 68.)

D'après l'Annuaire statistique du département de la Seine-Inférieure, publié en 1823, il existait :

1° Sur la rivière de *Lillebonne*, moulins à blé, 7 ; moulins à alizari, 1 ; moulins à tan, 2 ; moulins à foulon, 4 ; filatures, 3 ; imprimeries de toiles peintes, 1 ; curanderies, 2 ; blanchisseries, 4 ; tanneries, 2 ;

2° Sur la rivière de *Bas* et la partie de celle de *Bolbec* à laquelle s'applique l'ordonnance ci-dessus, imprimeries de toiles peintes, 1 ; curanderies, 1.

Vu l'arrêté du 26 juin 1823, par lequel le préfet du département de la Seine-Inférieure, estime qu'il y a lieu de régler le mode d'irrigation des prairies qui bordent les rivières de *Lillebonne* et de *Bolbec*, dans les communes de Saint-Denis, de Lillebonne et du Mesnil;

Vu la loi du 12 = 20 août 1790, en forme d'instruction, et la loi du 28 septembre = 6 octobre 1791;

Notre conseil d'état entendu,

Nous avons ordonné et ordonnons ce qui suit:

Art. 1er. L'irrigation des prairies adjacentes à la rivière de *Lillebonne*, aura lieu les jours de dimanches et fêtes conservées, depuis minuit sonné jusques au lendemain, soleil levant; les dispositions des arrêtés des 25 août 1798 (3 fructidor an 6), et 11 décembre 1800 (23 frimaire an 9), qui ont d'ailleurs pour objet d'en régir l'exercice, continueront d'être observées.

2. L'irrigation des prairies dites du *Béquet*, que baigne la rivière, avant sa jonction avec celle des *Aulnes*, aura lieu selon le mode actuellement en usage, et déterminé par l'arrêté de l'administration du canton de *Lillebonne*, sous la date du 27 mars 1799 (7 germinal an 7), et sauf les mesures de police qui pourront être ultérieurement adoptées pour l'exercice de ce mode, sur l'avis de la commission mentionnée en l'article 9.

3. Les prairies dites du *Hosey*, et celles qui sont sur le territoire des communes de Saint-Denis et du Mesnil, d'une contenance totale de 30 hectares 52 ares, seront arrosées de neuf jours en neuf jours, dans l'intervalle de chaque mois, ainsi qu'il va être déterminé ci-après, savoir:

1° Celles qui appartiennent actuellement au sieur *Lacrique* et à *l'hospice* de Lillebonne, celles-ci tenues à loyer par le sieur *Guillé*, les 2, 11 et 20, de chaque mois ;

2° Celles qui appartiennent actuellement aux sieurs *Davois de Kinkerville* et *Michel Renaud*, les 3, 12 et 21 ;

3° Celles qui appartiennent actuellement aux sieurs *Gervais* et *Andrieu*, les 4, 13 et 22 ;

4° Celles qui appartiennent actuellement au sieur *Fossard* et à *l'hospice*, quant à la première portion de celles-ci, les 5, 14 et 23 ;

5° Celles qui appartiennent actuellement aux sieurs *Lebrun* et *Le Chaptois*, celles-ci tenues à loyer par le sieur *Guillé*, les 6, 15 et 24 ;

6° Celles qui appartiennent actuellement au sieur *Le Chaptois* et à *l'hospice*, quant à la deuxième portion de celles-ci, les 7, 16 et 25 ;

7° Celles qui appartiennent actuellement aux sieurs *Mauger* et *Le Loup*, les 8, 17 et 26 ;

8° Celles qui appartiennent actuellement au sieur *Renaud* et à *l'hospice*, quant à la troisième portion de celles-ci, les 9, 18 et 27.

4. Les limites de chacune des divisions de prairies qui jouiront le même jour du droit d'irrigation, seront ostensiblement déterminées par des bornes, afin de prévenir par la suite toute espèce de difficultés.

5. Les vannes de prise d'eau seront établies à deux mètres au plus, des berges de la rivière; elles reposeront sur un seuil en maçonnerie, pratiqué au niveau du sol gravier de chaque canal d'irrigation, et se manœuvre-

ront entre bajoyers, de manière à empêcher toute déperdition de l'eau.

6. L'ouverture des vannes établies ou à établir est fixée à 28 centimètres par demi-hectares qu'elles arroseront, pour les prairies dont le niveau est inférieur à celui de la rivière, et à 50 centimètres pour les autres.

7. La manœuvre régulière des vannes aura lieu par les soins des propriétaires ou fermiers des prairies, lesquels demeureront personnellement responsables des contraventions qui seront constatées. En conséquence, ces vannes seront cadenassées, au moyen d'un boulon en fer placé au-dessous de leur chapiteau; les clefs demeureront à la disposition exclusive desdits propriétaires ou fermiers.

8. Toutes contraventions aux articles 5, 6 et 7, seront poursuivies devant le tribunal compétent, sur le procès-verbal qu'en aura dressé le garde-champêtre ou le garde des eaux, soit à la requête de la commission syndicale, dont il sera parlé ci-après, soit même à la requête de celui des propriétaires exploitants, ou fermier auquel lesdites contraventions auraient été préjudiciables.

9. Il sera établi pour surveiller l'exécution du présent réglement sur les rivières de *Lillebonne* et de *Bolbec*, à partir de la jonction de celle-ci avec celle des *Aulnes*, une commission syndicale, choisie parmi les personnes qui auront des propriétés ou des établissements hydrauliques sur l'une ou l'autre rivière.

Les syndics seront nommés pour cinq ans, et renouvelés par cinquième tous les ans, dans les premiers jours du mois de juillet. La voie du sort indiquera pendant les quatre premières années les membres sortant. Ils seront indéfiniment rééligibles.

Le syndic demeurera chargé, indépendamment de l'attribution indiquée au premier paragraphe du présent article, de proposer à l'autorité administrative toutes les vues qui auraient pour objet l'amélioration du régime des eaux de la rivière ; de la poursuite des délits et contraventions qui auraient lieu ; de la surveillance et réception des ouvrages exécutés pour l'établissement des vannes d'irrigation, conformément, soit aux articles 5, 6 et 7 du présent réglement, soit à l'article 4 de l'arrêté du 14 décembre 1800 (23 frimaire an 9).

10. Les membres du syndicat seront nommés par le préfet sur la présentation d'une liste triple de candidats désignés dans une assemblée composée de quinze propriétaires de prairies adjacentes aux prairies de *Lillebonne* et de *Bolbec*, et de quinze propriétaires d'usines ou établissements hydrauliques, situés sur le cours de ces rivières, choisis dans l'une et l'autre classe parmi les plus imposés au rôle des contributions. Deux syndics au moins devront être pris dans chaque catégorie d'intéressés.

11. Il sera nommé par le préfet, sur la proposition de la commission syndicale, un garde des rivières de *Lillebonne* et de *Bolbec*, à l'effet de constater concurremment avec les gardes champêtres toutes les contraventions au présent réglement.

12. Le salaire de cet agent est fixé à 400 francs par an. Cette somme sera répartie entre les propriétaires de prairies sujettes à l'irrigation et les propriétaires de moulins, usines, blanchisseries, teintureries et autres

établissements hydrauliques, au marc le franc de toutes les contributions réunies que chacun paie pour lesdites propriétés.

13. Le rôle de répartition de la susdite somme sera établi par le directeur des contributions, à qui sera fournie, par la commission syndicale, la liste de tous les propriétaires qui doivent y figurer.

Après avoir été rendu exécutoire par le préfet, il sera transmis aux percepteurs des communes où résideront les divers contribuables, et ces agents demeureront chargés d'en suivre le recouvrement par toutes voies usitées en matière de contributions publiques.

Les sommes recouvrées seront versées en quatre paiements égaux, entre les mains de celui des membres de la commission syndicale, qui sera plus spécialement chargé de surveiller le service des gardes.

14. Les réclamations contre l'inscription audit rôle ou sur la quotité de la cotisation, seront portées devant le conseil de préfecture qui statuera.

15. Les procès-verbaux de contravention, dûment affirmés et enregistrés, seront, dans les délais convenables, déférés au tribunal compétent, et les poursuites auront lieu conformément à l'article 8. Elles détermineront l'application des peines indiquées par les articles 15 et 16, du titre 2 de la loi du 28 septembre = 6 octobre 1791, ou celle de peines plus graves, le cas échéant.

16. Le garde des rivières, le garde champêtre ou tout autre agent ayant dressé un procès-verbal emportant condamnation, aura droit au tiers de l'amende encourue et prononcée.

17. Toutes entreprises faites sans autorisation pour

retenir les eaux et en interrompre le libre cours, soit en faisant tremper les vannes des usines, soit en laissant levées, hors les temps déterminés, les vannes d'irrigation, soit en détériorant ces vannes pour donner une issue aux eaux, soit en négligeant de les réparer dans les huit jours de la réquisition qui en aura été faite par le garde des rivières, constitueront une contravention, et seront poursuivies conformément aux articles 8 et 15.

18. Il n'est rien préjugé par le présent réglement d'administration publique, sur les droits de possession ou de propriété que les riverains ou autres particuliers pourraient se croire fondés à prétendre, et dont la connaissance appartient aux tribunaux.

Ordonnance royale du 9 juin 1824, concernant le curage des rivières qui coulent sur le territoire de la commune de Lillebonne.

Louis, par la grâce de Dieu, Roi de France et de Navarre,

A tous ceux qui ces présentes verront, salut :

Sur le rapport de notre ministre secrétaire d'état au département de l'intérieur;

Vu l'arrêté du 26 juin 1823, par lequel le préfet du département de la Seine-Inferieure, estime qu'il y a lieu de pourvoir au curage des rivières de *Lillebonne* et de *Bolbec*, dans les communes de Saint-Denis, de Lillebonne et du Mesnil;

Vu la loi du 14 floréal an 11 (mai 1803);

Notre conseil d'état entendu,

Nous avons ordonné et ordonnons ce qui suit :

Art. 1er. La rivière de *Lillebonne* et celle de *Bolbec*, département de la Seine-Inférieure, à partir du point où celle-ci se joint à la rivière des *Audnes*, et celle dite du *Fourneau* ou d'*En-Bas*, formée en partie par les eaux qui s'échappent de la rivière de *Bolbec*, seront mises quatre fois par an, en état de parfait curage ; les laiches, glaïeuls et autres herbes aquatiques qui croissent dans leur lit, seront coupées à la faux au moins une fois tous les mois, à compter du 1er. mai, jusqu'au 1er. novembre.

2. Ce travail sera exécuté par un ou plusieurs entrepreneurs ensuite d'une adjudication publique qui aura lieu dans les formes ordinaires, d'après les cahiers des charges qui auront été proposés par la commission syndicale dont il est fait mention en l'article 9 du réglement, pour l'irrigation des prairies, et soumis préalablement à l'approbation du préfet.

3. Le territoire baigné par les susdites rivières sera divisé en cinq sections ; savoir :

La première comprenant la rivière de *Lillebonne*, depuis sa source jusqu'à sa réunion à la rivière de *Bolbec*, au-dessous de l'île *Caumont* ;

La 2e comprenant la partie de la rivière de *Bolbec*, depuis l'usine du sieur *Gervais*, jusqu'à sa réunion à la rivière de *Lillebonne*, au-dessous du même point;

La 3e comprenant la partie située entre le point de jonction, jusqu'au pont du *Mesnil*, qui conduit à *Radicatel* ;

La 4e s'étendant depuis l'usine placée dans les bâtiments du château du *Mesnil*, jusqu'à la *Seine*.

La 5e comprenant la rivière dite du *Fourneau* ou

d'*En-Bas*, depuis l'extrémité de la cour du sieur *Delaporte*, jusqu'à sa jonction avec la rivière de *Bolbec* au *Mesnil.*

Le curage aura lieu dans chacune des divisions ci-dessus déterminées, aux époques indiquées dans les cahiers des charges et mentionnées en l'article 2.

4. Les propriétaires des sources et courants d'eau affluants aux susdites rivières, seront tenus de les faire curer deux fois par an, dans les huit jours qui précèderont les deux curages généraux qui auront lieu en exécution de l'article 1er. A cet effet, le maire de la commune fera notifier un avertissement à chacun d'eux au moins quinze jours d'avance.

En cas de refus ou de négligence constatée par procès-verbaux, le maire donnera ordre à l'adjudicataire chargé du curage, conformément aux articles 2 et 3 qui précèdent, d'exécuter le travail retardé, et il en sera payé au prix de son adjudication.

5. Les dépenses auxquelles donnera lieu le curage, seront réparties entre les propriétaires des prairies et propriétés riveraines, proportionnellement aux contributions foncières assises sur ces propriétés et prairies. Quant aux propriétaires d'établissements hydrauliques, lesdites contributions, comme base proportionnelle de la répartition, seront augmentées du montant des patentes auxquelles ils sont imposés pour l'exercice de leur industrie.

6. Il sera établi, chaque année, par les soins du directeur des contributions, un rôle de répartition des frais de curage rédigé en conséquence de l'article précédent. Les rôles rendus exécutoires par le préfet, seront remis aux percepteurs des contributions de chacune

des divisions mentionnées en l'article 3, afin qu'ils en suivent le recouvrement.

7. Les adjudicataires du curage seront payés sur un mandat du préfet, appuyé du procès-verbal de réception des travaux rédigé par la commission syndicale, chargée de surveiller l'exécution du réglement pour l'irrigation des prairies.

8. Les propriétaires riverains des rivières de *Lillebonne*, de *Bolbec* et du *Fourneau*, seront tenus de faire réparer les banques et berges desdites rivières, toutes les fois qu'il y aura lieu, pour empêcher la déperdition des eaux. Il leur sera, en conséquence, donné à cet égard les avertissements convenables par l'autorité locale. Ces avertissements entraîneront, en cas d'inexécution, les conséquences indiquées au paragraphe 2 de l'article 4 ci-dessus.

9. Le prix des travaux exécutés d'office, conformément à l'article précédent et à l'article 4, sera payé à l'adjudicataire par les propriétaires qui n'auraient point obtempéré aux avertissements qu'ils auraient reçus. Le mode administratif selon lequel ce paiement aura lieu, sera ultérieurement déterminé.

10. Il sera placé, dans le lit des trois rivières, et de cent mètres en cent mètres, de fort pieux, dont la tête sera coupée dans le plan sur lequel l'eau doit couler, et qui indiqueront par conséquent l'épaisseur de la couche de vase qui devra être enlevée lors des curages subséquents.

11. Tous encombrements faits dans le lit des rivières de *Lillebonne*, de *Bolbec* et du *Fourneau*, tous empiétements ou plantations qui tendraient à en restreindre l'ancienne largeur fixée à 6 mètres pour les deux pre-

mières, et à 5 mètres 30 centimètres pour la troisième, seront constatés par procès-verbaux dressés, soit par les gardes-champêtres, soit par les gardes des eaux institués en exécution des réglements sur l'irrigation des prairies, et réprimés conformément aux lois relatives à la police des chemins vicinaux.

12. Il n'est rien préjugé par le présent réglement d'administration publique sur les droits de possession et de propriété que les riverains et autres particuliers pourraient se croire fondés à prétendre, et dont la connaissance appartient aux tribunaux.

§ 11. - *Ordonnance royale du 15 décembre 1824, concernant l'irrigation des prairies adjacentes aux rivières de Sainte-Austreberte et de Saffembec* (1).

CHARLES, par la grâce de Dieu, Roi de France et de Navarre, etc.

Sur le rapport de notre ministre secrétaire d'état au département de l'intérieur;

Vu la loi du 20 août 1790;

Vu l'article 644 du Code civil;

Vu le décret du 12 avril 1812, sur la compétence des tribunaux ordinaires en matière de contraventions

---

(1) D'après l'Annuaire statistique du département de la Seine-Inférieure, publié en 1823, il existait,

1° Sur la rivière de *Sainte-Austreberte*, moulins à blé, 28; moulins à huile, 11; moulins à papier, 11; filatures, 15; curanderies, 2; teintureries, 1.

2° Sur la rivière de *Saffembec*, moulins à blé, 4; moulins à huile, 1; filatures, 1.

aux réglements de police sur les rivières non-navigables et autres petits cours d'eau;

Vu l'article 471, paragraphe 5 du Code pénal;

Vu le projet de réglement présenté par la commission nommée par le préfet de la Seine-Inférieure, ayant pour objet de déterminer le mode d'irrigation des prairies qui bordent les rivières de *Saffembec* et de *Sainte-Austreberte*;

Vu l'arrêté pris à ce sujet par le préfet, le 27 février 1822;

Considérant que l'usage des eaux desdites rivières est réclamé, d'une part, par les propriétaires riverains, de l'autre, par les propriétaires des usines situées sur leur cours;

Considérant qu'il importe de concilier ces divers intérêts par un réglement dont les dispositions concordent avec les anciennes habitudes, en même temps qu'elles satisferont aux nouvelles conditions dont l'expérience a fait reconnaître la nécessité;

Notre conseil d'état entendu, nous avons ordonné et ordonnons ce qui suit:

Art. 1er. L'irrigation des prairies adjacentes aux rivières de *Sainte-Austreberte* et de *Saffembec*, département de la Seine-Inférieure, aura lieu, pendant vingt-quatre heures, les veilles des dimanches et fêtes conservées, depuis sept heures du soir jusqu'à pareille heure du lendemain, et ce à partir de leur source jusqu'à leur embouchure.

2. La manœuvre régulière des vannes d'irrigation placées sur le cours des deux rivières, s'exécutera par les soins des propriétaires ou fermiers, qui demeureront personnellement responsables de toutes les con-

traventions qui auront été constatées ; en conséquence, les vannes seront cadenassées, et les clefs demeureront à la disposition exclusive desdits propriétaires ou fermiers.

3. Les vannes existant à la tête de chaque canal d'irrigation dit *porteur-d'eau*, et de chaque tranchée ouverte sur le cours de la rivière, seront entretenues en bon état, à la diligence des propriétaires ; il en sera établi de nouvelles dans les endroits où il n'en existe pas encore, et où le besoin s'en ferait sentir.

4. Il sera établi une commission syndicale composée de cinq membres choisis parmi les personnes qui auront des propriétés ou des établissements hydrauliques sur le cours des rivières de *Saffembec* et de *Sainte-Austreberte*, et qui sera chargée d'assurer l'exécution de toutes les dispositions du présent réglement.

Les membres du syndicat seront nommés pour cinq ans et renouvelés par cinquième tous les ans, dans les premiers jours de juillet ; la voie du sort indiquera, pendant les quatre premières années, les membres sortants : ils seront indéfiniment rééligibles.

5. Les membres du syndicat seront nommés par le préfet, sur la présentation d'une liste triple de candidats désignés dans une assemblée composée de quinze propriétaires de prairies adjacentes aux rivières susmentionnées, et de quinze propriétaires d'usines situées sur le cours de ces rivières, choisis dans l'une et l'autre classe parmi les plus imposés aux rôles des contributions assises sur les propriétés riveraines des rivières de *Sainte-Austreberte* et de *Saffembec*.

6. La surveillance journalière des dispositions énoncées aux articles 1, 2 et 3, sera confiée à quatre gardes

qui seront désignés par la commission syndicale, et dont la nomination devra être approuvée par le préfet.

7. Il sera alloué à chacun desdits gardes, à titre d'indemnité, des rétributions, qui ne pourront excéder 400 francs : la répartition de cette somme aura lieu chaque année, d'après l'avis de la commission syndicale.

8. Les sommes auxquelles seront fixées chaque année ces rétributions, seront supportées par tous les propriétaires d'usines et autres établissements qui emploient les eaux de l'une des deux rivières, le recouvrement en sera fait au moyen d'un rôle où seront exclusivement compris chacun des propriétaires, au marc le franc de sa cotisation au rôle des patentes.

9. Le rôle ci-dessus mentionné sera dressé par les soins du directeur des contributions, auquel il sera remis un état de tous les propriétaires qui doivent y figurer, conformément à l'article précédent.

10. Ce même rôle, après avoir été rendu exécutoire par le préfet, sera délivré par extrait aux percepteurs des communes où résideront les divers propriétaires imposés, et ils demeureront chargés d'en suivre le recouvrement par la voie usitée en matière de contributions publiques.

Les sommes recouvrées seront tenues à la disposition de celui des membres du syndicat qui sera plus particulièrement chargé de l'administration; il expédiera au profit des parties prenantes des mandats qui seront acquittés par le percepteur. Le mode de comptabilité sera déterminé ultérieurement par un réglement particulier.

11. En cas de réclamation contre l'inscription audit

rôle, ou la quotité de la cotisation, il sera statué par le conseil de préfecture.

12. Toute contravention aux articles 1, 2 et 3 du présent réglement, dûment constatée par procès-verbal des gardes ci-dessus mentionnés, sera, à la diligence du préfet, punie d'amende, conformément à l'article 471 du Code pénal, sauf l'application, lorsqu'il y aura lieu, de l'article 474.

La moitié de l'amende appartiendra à celui qui aura constaté la contravention.

§ 12. – *Ordonnance royale du 25 décembre 1824, concernant le curage périodique des rivières de Sainte-Austreberte et de Saſſembec.*

Charles, par la grâce de Dieu, Roi de France et de Navarre, etc.;

Sur le rapport de notre ministre secrétaire d'état au département de l'intérieur;

Vu la loi du 4 mai 1803 (14 floréal an 11), sur le curage des canaux et rivières non-navigables;

Vu le décret du 12 avril 1812, sur la compétence des tribunaux ordinaires en matière de contraventions aux réglements de police sur les rivières non-navigables et autres petits cours d'eau;

Vu l'article 471, paragraphe 5 du Code pénal;

Vu le projet de réglement, présenté par la commission nommée par le préfet de la Seine-Inférieure, ayant pour objet de déterminer les dispositions générales propres à assurer régulièrement le curage des rivières de *Saſſembec* et de *Sainte-Austreberte*;

Vu l'arrêté pris à ce sujet par le préfet, le 27 février 1822;

Vu les nouvelles observations et propositions de la commission et du préfet, faites le 17 septembre 1823, 9 mars et 24 mai 1824;

Notre conseil d'état entendu, nous avons ordonné et ordonnons ce qui suit.

Art. 1er. Le curage des rivières de *Saffembec* et de *Sainte-Austreberte*, département de la Seine-Inférieure, ainsi que celui des sources y affluentes, aura lieu deux fois chaque année dans toute l'étendue de leur cours, aux époques qui seront déterminées ci-après.

2. Cette opération sera exécutée par un ou plusieurs entrepreneurs, ensuite d'une adjudication publique qui aura lieu dans les formes ordinaires, d'après les devis et cahiers des charges qui auront été proposés par la commission syndicale, mentionnée à l'article 6 du réglement adopté par l'ordonnance de ce jour pour l'irrigation des prairies, et soumis préalablement à l'approbation du préfet.

3. Le territoire baigné par les rivières de *Saffembec* et de *Sainte-Austreberte*, sera partagé en quatre divisions comme il suit :

La première division s'étendra depuis la source de la rivière de *Saffembec* et de celle de *Sainte-Autreberte* jusqu'à la filature du sieur *Lasne*, exclusivement;

La deuxième, depuis ladite filature jusques et y compris les limites de Barentin;

La troisième, depuis ces dernières limites jusques au pont des Vieux;

La quatrième, depuis le susdit pont jusqu'à l'embouchure de la rivière de Seine, à Duclair.

4. Le premier de ces deux curages annuels s'exécutera dans les délais suivants :

Pour la première division, du 20 février au 10 mars;

Pour la deuxième, depuis le 10 mars jusqu'au 30 du même mois;

Pour la troisième, du 1er au 20 avril;

Pour la quatrième, du 20 avril au 10 mai.

Le deuxième curage annuel aura lieu dans les délais suivants :

Pour la première division, du 20 au 30 septembre;

Pour la deuxième, du 1er au 10 octobre;

Pour la troisième, du 10 au 20 octobre;

Pour la quatrième, du 20 au 30 octobre.

5. Au moment où le curage aura lieu, les herbes et plantes aquatiques devront être soigneusement enlevées et retirées sur la berge à chaque râtelier d'usine; ledit curage devra, en outre, être effectué de manière à ce que l'eau ne soit retenue ni refoulée en aval de chaque usine.

Les résidus des curages seront déposés par moitié sur chacune des deux rives; les propriétaires seront tenus de les enlever, dans un délai qui ne pourra excéder dix jours.

6. Les propriétaires des sources et canaux affluents aux rivières de *Saffembec* et de *Sainte-Autreberte* seront tenus de les faire curer dans les huit jours qui précéderont le commencement de chaque curage dans leurs divisions respectives. A cet effet, le maire de la

commune fera notifier à chacun d'eux un avertissement, au moins quinze jours d'avance.

En cas de refus ou de négligence constatée par procès-verbal, le maire donnera l'ordre à l'adjudicataire chargé du curage de la rivière, d'exécuter le travail retardé, dont le prix lui sera payé au taux de son adjudication.

7. Les frais résultant des deux curages annuels seront répartis entre tous les riverains, à raison de l'étendue de leurs propriétés, proportionnellement aux contributions foncières et des patentes réunies, pour les manufacturiers, et à la contribution foncière seulement, pour les propriétaires fonciers.

8. Il sera établi, chaque année, par les soins du directeur des contributions, deux rôles de répartition des frais de curage, rédigés chacun en conséquence de l'article précédent. Ces rôles, rendus exécutoires par le préfet, seront remis aux percepteurs des communes comprises dans les divisions mentionnées en l'article 3, afin qu'ils en suivent le recouvrement.

9. Les adjudicataires du curage seront payés sur un mandat du préfet, appuyé du procès-verbal de réception des travaux, rédigé par la commission syndicale chargée de surveiller l'exécution du réglement pour l'irrigation des prairies.

10. Le prix des travaux exécutés d'office, conformément à l'article 6 qui précède, sera payé à l'adjudicataire par les propriétaires qui n'auraient pas obtempéré aux avertissements qu'il auraient reçus, en suivant le mode autorisé par la loi du 4 mai 1803 (14 floréal an 11).

Ils seront d'ailleurs passibles d'une amende comme contrevenant aux réglements de police.

11. Afin que le cours des rivières de *Saffembec* et de *Sainte-Austreberte* soit désormais plus libre, plus régulier, et par conséquent plus favorable à tous les intérêts, la largeur des différens bras desdites rivières et la hauteur du sol gravier seront déterminées sur la proposition des ingénieurs qui se livreront à un travail particulier pour cet objet.

Les frais auxquels donnera lieu ce travail extraordinaire et son exécution, seront répartis entre tous les riverains, conformément à l'article 7.

12. Il sera placé dans le lit des deux rivières, et de cent mètres en cent mètres, de forts pieux dont la tête sera coupée dans le plan sur lequel l'eau doit couler, et qui indiqueront par conséquent l'épaisseur de la couche de vase qui devra être enlevée lors des curages ultérieurs.

13. Tous encombrements faits dans le lit des deux rivières, tous empiètements ou plantations qui tendraient à en restreindre la largeur, après qu'elle aura été déterminée, en exécution de l'article 11, seront constatés par procès-verbaux, dressés par les gardes institués en exécution du réglement sur l'irrigation des prairies, et réprimés à la diligence du préfet, conformément à l'article 471 du Code pénal.

FIN.

TABLE RAISONNÉE

DES MATIÈRES CONTENUES DANS CE RECUEIL.

FIN DE LA TABLE.

ERRATA.

Page 9, ligne 2, notes, les lois du 25 août, etc., *lisez* : les lois des 25 août, etc.
Page 12, ligne 3, notes, titre 2, chapitre 1, section 1, *lisez* : titre 2, chapitre 2, section 1.
Page 15, ligne 5, notes, rapporté au chapitre 3, *lisez* : rapporté au titre 3 page 127.
Page 17, ligne 4, notes, article 2, paragraphe 2, page 28, *lisez* : article 2, paragraphe 2, no 1, page 28.
Page 22, ligne 8, notes, l'article 44 de l'ordonnance de 1667, *lisez* : l'article 46 de l'ordonnance de 1669 (page 5).
Page 23, ligne 9, notes, du 18 mai 1823, *lisez* : du 18 novembre 1823 (Sirey, tome 24, 1ere partie, page 219).
Page 27, ligne 16, du 23 juillet 1743, *lisez* : du 27 juillet 1703.
Page 28, ligne 5, notes, indiquée au paragraphe 2 de la section 1, du titre 8, *lisez* : indiquée au no 2 du paragraphe 6 de l'article 2, section 1, chapitre 2.
Page 29, ligne 10, notes, voir la note correspondante au titre 2; *ajoutez* : page 47.
Page 35, ligne 2, notes, indiquée au 2e paragraphe, *lisez* : indiquée au no 2.
Page 36, ligne 2, notes, à l'article 42 de l'ordonnance de 1669, *lisez* : à l'article 42 du titre 27 de l'ordonnance de 1669.
Page 40, ligne 2, notes, Recueil de Sirey, tome 25, *lisez* : Recueil de Sirey, tome 24.
Page 47, ligne 6, notes, 13 nivôse an 13, *lisez* : 13 nivôse an 5.
Page 54, ligne 2, notes, voir la note de la page 49, *lisez* : voir la note 1 de la page 49.
Page 59, ligne 11, paragraphe 2, *lisez* : paragraphe 3, no 1.
Page 62, ligne 28, notes, l'article 643 du Code civil, *lisez* : l'article 644 du Code civil.
Page 63, ligne 5, notes, les articles 64 et 645 du Code civil, *lisez* : les articles 641 et 644 du Code civil.
Page 64, ligne 4, loi du 14 mai, *lisez* : la loi du 4 mai.
Ibid, ligne 2, notes, les onze premiers articles, *lisez* : les dix premiers articles.
Page 67, ligne 12, notes, du 29 juin 1813, *ajoutez* : (Garnier, régime des Eaux, 1ere édition, page 295.)
Page 91, ligne 7, du 20 juin 1621, *lisez* : du 20 juin 1821.
Page 102, ligne 8, notes, 4 floréal an 10, *lisez* : 14 floréal an 10.
Page 140, ligne 4, les communes de Blainville-Crevon, *lisez* : les communes de Blainville, Crevon, etc.
Page 173, ligne 4, du mois de septembre, *lisez* : du mois de mars.
Page 181, ligne 24, ordonnance royale du, *lisez* : § 8, ordonnance royale du.
Page 186, ligne 1, ordonnance royale du, *lisez* : § 9, ordonnance royale du.
Page 192, ligne 15, ordonnance royale du, *lisez* : § 10, ordonnance royale du.

www.ingramcontent.com/pod-product-compliance
Ingram Content Group UK Ltd.
Pitfield, Milton Keynes, MK11 3LW, UK
UKHW022050190726
13855UKWH00002B/459

9 782013 060028